hachis & purées

hachis & purées

Aude de Galard & Leslie Gogois

Photographies, Philippe Vaurès-Santamaria
Stylisme, Delphine Brunet

Avec la collaboration de Gaz de France

HACHETTE
Pratique

sommaire

10 Hachis salés
32 Purées salées
68 Dips salés
84 Hachis sucrés
90 Purées sucrées
112 Je veux la technique !
118 À garder sous le coude

je veux la recette !

1 beau filet d'huile d'olive / COUPEZ LES TIGES EN PETITS MORCEAUX / La botte secrète d'Aude et Leslie / faites cuire les haricots verts / Purée de chou-fleur aux lardons / passez au mixeur les légumes avec un peu d'eau de cuisson / Les ingrédients pour 4 à 6 personnes / LAVEZ ET CISELEZ LA CORIANDRE / Pour d'autres saveurs, troquez le curry contre du curcuma / Servez *illico presto* / mettez le gingembre frais à cuire en même temps que le potimarron / 5 POMMES DE TERRE / Versez progressivement le lait chaud / Ajoutez l'huile de noix et le curry / Le vrai hachis Parmentier / 4 tomates séchées / Recette pour épater / HACHIS DE POIRES, CHOCOLAT ET PAIN D'ÉPICE / Formez des pépites de chocolat / 3 belles mangues mûres / les miettes de biscuits / mélangez la farine avec le müesli et le sucre roux / Ajoutez des petits morceaux de figues séchées trempées dans de l'Amaretto / LE VERRE DE VIN QUI VA BIEN / avec le sucre vanillé et le jus de citron

Le vrai hachis Parmentier

PRÉPARATION 30 MIN **I CUISSON** 20 MIN **I COÛT** ★ **I DIFFICULTÉ** ★★

→ SACHEZ QUE CE PLAT SE RÉCHAUFFE TRÈS BIEN, VOUS POUVEZ DONC LE PRÉPARER À L'AVANCE.

1 Portez à ébullition une casserole d'eau salée. Épluchez les pommes de terre et coupez-les en morceaux. Quand l'eau bout, ajoutez-les et faites-les cuire 25 min environ.

2 Pendant ce temps, beurrez un plat à gratin. Lavez le persil plat et coupez-le finement. Épluchez les oignons et coupez-les finement. Dans une poêle, faites fondre la noisette de beurre. Ajoutez les oignons et faites-les revenir 3 à 4 min. Puis ajoutez la viande et la chair à saucisse en les écrasant bien avec une cuillère en bois pour éviter les « paquets ». Laissez cuire 10 min environ en remuant régulièrement. Salez, poivrez et ajoutez le persil plat.

3 Préchauffez le four à 200 °C (th. 6-7). Une fois les pommes de terre cuites, égouttez-les bien puis passez-les au moulin à légumes. Ajoutez le lait, le beurre et la muscade. Mélangez énergiquement jusqu'à obtention d'une purée onctueuse.

4 Déposez la viande dans le plat à gratin. Puis recouvrez-la d'une belle couche de purée. Parsemez le tout de gruyère râpé. Mettez au four 20 min environ. Servez *illico presto*.

Les ingrédients pour 4 à 6 personnes

Pour la viande

5 brins de persil plat
2 oignons
450 g de bœuf haché
200 g de chair à saucisse
100 g de gruyère râpé
1 noisette de beurre pour la poêle
sel et poivre

Pour la purée

1,2 kg de pommes de terre
15 cl de lait
80 g de beurre
3 pincées de noix de muscade (facultatif)
1 noisette de beurre pour le plat

Astuce_ N'hésitez pas à utiliser vos restes de viande (bœuf, agneau, poulet...) pour réaliser cette recette. Tous les mélanges sont bons...

la botte secrète d'aude et leslie

Nous, on adore troquer la purée de pommes de terre contre celle aux patates douces et amandes (pour la recette, foncez p. 53). Et hop, vous obtenez un plat tout nouveau, tout bon...

le verre de vin qui va bien

Proposez un cahors rouge plein de caractère.

Hachis de bœuf à l'orientale

PRÉPARATION 35 MIN | **CUISSON** 20 MIN | **COÛT** ★★ | **DIFFICULTÉ** ★★

1 Pour la purée : épluchez le potiron à l'aide d'un bon couteau, retirez les graines et coupez la chair en carrés. Dans une casserole, faites chauffer le beurre. Ajoutez le potiron et faites-le cuire à feu doux 20 min en remuant régulièrement. À mi-cuisson, ajoutez 15 cl d'eau pour éviter que ça n'accroche.

2 Pendant ce temps, beurrez un plat à gratin. Lavez le persil plat et ciselez-le. Épluchez les échalotes et coupez-les finement. Dans une poêle, faites fondre la noix de beurre. Ajoutez les échalotes et faites-les revenir 4 min. Puis ajoutez le bœuf haché, le cumin et le persil plat. Laissez cuire 8 à 10 min en remuant régulièrement. Salez et poivrez.

3 Préchauffez le four à 210 °C (th. 7). Une fois le potiron cuit, passez-le au moulin à légumes pour le réduire en purée. Ajoutez la crème fraîche et le piment de Cayenne. Salez et poivrez.

4 Déposez la viande dans le plat à gratin. Puis recouvrez-la d'une belle couche de purée. Parsemez le tout de cheddar râpé. Mettez au four 20 min environ. Servez bien chaud.

Les ingrédients pour 4 à 6 personnes

Pour la viande

4 brins de persil plat
2 échalotes
650 g de bœuf haché
½ cuil. à café de cumin en poudre
80 g de cheddar râpé (facultatif)
2 noix de beurre pour la poêle et le plat
sel et poivre

Pour la purée de potiron

1,2 kg de potiron
50 g de beurre
3 cuil. à soupe de crème fraîche
6 pincées de piment de Cayenne
1 noisette de beurre pour le plat
sel et poivre

Astuces_ • Pour d'autres saveurs, ajoutez 2 carottes dans la purée de potiron. Vous pouvez aussi troquer le cumin contre du colombo en poudre. • Vous pouvez terminer la cuisson de votre hachis par 5 min sous le gril du four pour un résultat gratiné à souhait.

la botte secrète d'aude et leslie

Pour une note encore plus exotique, ajoutez un peu de gingembre frais râpé dans la purée... Miam !

le tuyau de laurence

Moi qui suis une fan du sucré-salé, j'ajoute des petits raisins secs blonds dans la viande, dépaysement garanti.

Hachis d'agneau, carottes et cumin

PRÉPARATION 30 MIN | **CUISSON** 15 MIN | **COÛT** ★★ | **DIFFICULTÉ** ★★

1 Faites chauffer une grande casserole d'eau. Épluchez les carottes et coupez-les en gros tronçons. Quand l'eau bout, ajoutez-les et laissez cuire 15 min.

2 Pendant ce temps, épluchez les échalotes et coupez-les finement. Lavez la coriandre et coupez-la finement. Dans une grande poêle, faites chauffer la noisette de beurre. Puis ajoutez les échalotes et faites-les revenir 3 min. Ajoutez l'agneau haché, le cumin et la coriandre. Salez et poivrez. Mélangez bien et laissez cuire 15 à 20 min. Remuez régulièrement.

3 Préchauffez le four à 180 °C (th. 6). Une fois les carottes cuites, égouttez-les puis passez-les au moulin à légumes. Ajoutez la crème fraîche et le curry. Salez et poivrez. Mélangez bien.

4 Déposez la viande dans le fond d'un plat à gratin. Recouvrez-la de purée de carottes. Puis striez le dessus de votre hachis avec le dos d'une fourchette. Mettez au four 15 min. Servez *illico presto*.

Les ingrédients pour 4 personnes

Pour la viande

2 échalotes

6 brins de coriandre

650 g d'agneau haché

1 cuil. à café de cumin en poudre

1 noisette de beurre pour la poêle

Pour la purée

12 carottes

3 cuil. à soupe de crème fraîche

5 pincées de curry en poudre

sel et poivre

Astuces_ • Pour aller plus vite, vous pouvez utiliser de la purée de carottes toute prête. • Pensez à remplacer la coriandre par du persil plat. • Côté déco, parsemez votre hachis de graines de cumin au dernier moment.

le tuyau de laurence

Ajoutez 1 demi-citron confit coupé en tout petits dés dans votre viande quand vous la poêlez, c'est fantastique !

le verre de vin qui va bien

Essayez donc un bandol rosé...

Moussaka comme là-bas

PRÉPARATION 50 MIN | **CUISSON** 40 MIN | **COÛT** ★★ | **DIFFICULTÉ** ★★

→ OUI C'EST LONG, MAIS QU'EST-CE QUE C'EST BON !

Les ingrédients pour 6 à 8 personnes

3 aubergines
2 courgettes
3 oignons
1 bouquet de persil plat
1 gousse d'ail
800 g d'épaule d'agneau hachée
3 pincées de cannelle en poudre
30 cl de coulis de tomate
1 filet d'huile d'olive pour la sauteuse
1 noisette de beurre pour la poêle
sel et poivre

Pour la béchamel

50 g de beurre
50 g de farine
50 cl de lait
3 pincées de noix de muscade
80 g de gruyère râpé
sel et poivre

1 Lavez les aubergines et les courgettes et coupez-les en rondelles. Épluchez les oignons et coupez-les finement. Dans une sauteuse, faites chauffer l'huile d'olive. Ajoutez 1 oignon et faites-le revenir 4 min. Puis ajoutez les aubergines et les courgettes. Laissez cuire 15 min environ en remuant régulièrement. N'hésitez pas à rajouter un peu d'huile d'olive en cours de cuisson. Salez et poivrez bien.

2 Préchauffez le four à 200 °C (th. 6-7). Lavez le persil plat et ciselez-le. Épluchez la gousse d'ail et hachez-la. Dans une grande poêle, faites fondre le beurre. Ajoutez les 2 oignons restants et faites-les revenir 4 min. Puis ajoutez successivement l'ail, l'agneau et la cannelle. Salez et poivrez. Laissez cuire 15 min environ. Une fois la viande cuite, mélangez-la avec le coulis de tomate et le persil plat.

3 Pendant ce temps, préparez la béchamel. Faites fondre le beurre à feu doux dans une casserole. Hors du feu, ajoutez la farine et mélangez à l'aide d'un fouet. Remettez la casserole sur le feu et faites cuire le mélange 2 min sans cesser de mélanger.

4 Puis versez le lait en continuant de fouetter jusqu'à ce que la préparation soit bien lisse. Ajoutez la noix de muscade. Portez à ébullition en remuant constamment. Quand le mélange bout, laissez cuire la béchamel 3 min environ. Salez et poivrez. Ajoutez le gruyère et mélangez à nouveau.

5 Dans un grand plat à gratin, alternez successivement des couches de béchamel, de mélange d'aubergines et de courgettes, et de viande hachée en terminant par une couche de béchamel. Mettez au four 40 min environ.

Astuces_ • Pour un résultat encore plus au top, faites dégorger vos aubergines avec du gros sel 30 min environ. N'oubliez pas de les rincer avant de les poêler. • Pour un résultat super doré, terminez la cuisson par 3 min sous le gril.

Hachis de bœuf, tomate épicée et polenta

PRÉPARATION 25 MIN | **CUISSON** 15 MIN | **COÛT** ★★ | **DIFFICULTÉ** ★★

1 Faites chauffer le lait dans une casserole. Quand il bout, versez la polenta et faites cuire à feu doux comme indiqué sur le paquet (5 min environ). Mélangez sans cesse. Une fois la polenta cuite, ajoutez le beurre, le parmesan râpé et le basilic. Salez et poivrez.

2 Préchauffez le four à 210 °C (th. 7). Épluchez les oignons et coupez-les finement. Dans une poêle, faites fondre la noix de beurre. Ajoutez les oignons et faites-les revenir 4 min. Puis ajoutez le bœuf, le coulis de tomate, le paprika et le piment. Laissez cuire 8 à 10 min en remuant régulièrement. Salez et poivrez.

3 Déposez la viande dans le plat à gratin. Puis recouvrez-la d'une belle couche de polenta que vous aplatirez avec le dos d'une cuillère. Ajoutez le beurre coupé en petits morceaux sur le dessus et mettez au four 15 min. Servez bien chaud.

Les ingrédients pour 4 à 6 personnes

Pour la viande

2 oignons
650 g de bœuf haché
20 cl de coulis de tomate
5 pincées de paprika en poudre
5 pincées de piment d'Espelette
1 noix de beurre pour la poêle

Pour la polenta

90 cl de lait
200 g de polenta précuite
40 g de beurre
60 g de parmesan râpé
4 cuil. à soupe de basilic ciselé
1 noix de beurre
sel et poivre

Astuce_ Si vous n'avez pas de basilic frais, remplacez-le par du surgelé ou quelques pincées de thym.

le verre de vin qui va bien

Un cabernet-sauvignon de pays d'Oc.

Hachis *light* de cabillaud aux brocolis

PRÉPARATION 20 MIN | **CUISSON** 10 MIN | **COÛT** ★★ | **DIFFICULTÉ** ★★

→ VOILÀ UN HACHIS À PRÉPARER POUR VOS DÎNERS ENTRE COPINES. IL EST AUSSI *LIGHT* QUE FESTIF...

1 Dans une casserole d'eau bouillante salée, faites cuire les brocolis comme indiqué sur le paquet (10 min environ). Pendant ce temps, portez à ébullition une grande casserole d'eau. Ajoutez le cube de court-bouillon, mélangez bien puis faites-y cuire le cabillaud pendant 7 à 10 min environ (selon la grosseur des branches).

2 Lavez et ciselez le persil et l'estragon. Une fois les brocolis cuits, égouttez-les et passez-les au moulin à légumes. Ajoutez le Chavroux *light* et la noix de muscade. Salez et poivrez. Mélangez bien.

3 Préchauffez le four à 210 °C (th. 7). Une fois le cabillaud cuit, égouttez-le bien, ôtez les arêtes si nécessaire et émiettez-le grossièrement. Dans un saladier, mélangez-le avec les fines herbes puis répartissez le tout dans le fond du plat. Arrosez de jus de citron et recouvrez le tout de purée de brocolis. Mettez au four 10 min environ et servez *illico presto*.

Les ingrédients pour 4 personnes

Pour le poisson

1 cube de court-bouillon

4 tranches de cabillaud

½ botte de persil

½ botte d'estragon

le jus d'1 citron

Pour la purée

800 g de brocolis surgelés

75 g de Chavroux *light*

3 pincées de noix de muscade

sel et poivre

Astuces_ • Sachez que vous pouvez aussi cuire votre cabillaud à la vapeur. • Vous pouvez remplacer les tranches de cabillaud par des filets.

Pour varier_ **Le même hachis mais différent.** Troquez le cabillaud par du lieu, l'estragon par de l'aneth et la purée de brocolis par une purée toute verte aux petits pois (pour la recette, foncez p. 34).

le tuyau de laurence

Idéal à servir en portions individuelles... les copines apprécient cette petite attention.

Parmentier de saumon aux herbes

PRÉPARATION 30 MIN | **CUISSON** 20 MIN | **COÛT** ★★ | **DIFFICULTÉ** ★

1 Portez à ébullition une casserole d'eau salée. Épluchez les pommes de terre et coupez-les en morceaux. Quand l'eau bout, ajoutez-les et faites-les cuire 25 min environ.

2 Pendant ce temps, lavez l'aneth et le persil plat, et coupez-les finement. Préchauffez le four à 200 °C (th. 6-7). Une fois les pommes de terre cuites, égouttez-les bien puis passez-les au moulin à légumes. Ajoutez le lait, le beurre et la ciboulette lavée et ciselée. Salez et poivrez. Mélangez énergiquement jusqu'à obtention d'une purée onctueuse.

3 Rincez le saumon, ôtez les arêtes si nécessaire et coupez-le en petits morceaux. Puis mélangez-le avec la crème fraîche, le persil plat, l'aneth et la moutarde et déposez-le dans le fond d'un plat à gratin beurré. Recouvrez le tout d'une belle couche de purée. Mettez au four 20 min environ. Servez *illico presto*.

Les ingrédients pour 4 à 6 personnes

Pour le poisson

4 brins d'aneth
½ botte de persil plat
5 beaux pavés de saumon
3 cuil. à soupe de crème fraîche
3 cuil. à café de moutarde à l'ancienne

Pour la purée

1 kg de pommes de terre
10 cl de lait
80 g de beurre
½ botte de ciboulette
1 noisette de beurre pour le plat
sel et poivre

le verre de vin qui va bien

Laissez-vous séduire par un premières-côtes-de-blaye blanc.

Parmentier de poulet aux olives et au citron confit

PRÉPARATION 30 MIN | **CUISSON** 20 MIN | **MARINADE** 20 MIN | **COÛT** ★ | **DIFFICULTÉ** ★★

1 Portez à ébullition une casserole d'eau salée. Épluchez les pommes de terre et coupez-les en morceaux. Quand l'eau bout, ajoutez-les et faites-les cuire 25 min environ.

2 Pendant ce temps, coupez les blancs de poulet en lamelles à l'aide de ciseaux. Épluchez les échalotes et coupez-les finement. Pressez le citron et coupez le citron confit en petits morceaux. Dans un plat creux, mélangez l'huile d'olive avec le jus de citron et le citron confit. Ajoutez les échalotes, les olives et les blancs de poulet. Salez et poivrez. Laissez mariner 20 min. Retournez régulièrement au cours de la marinade.

3 Préchauffez le four à 200 °C (th. 6-7). Une fois les pommes de terre cuites, égouttez-les bien puis passez-les au moulin à légumes. Ajoutez le lait, le beurre et le thym. Salez et poivrez généreusement. Mélangez jusqu'à obtention d'une purée onctueuse.

4 Dans une poêle antiadhésive, faites chauffer la noisette de beurre. Ajoutez le poulet, les olives et le citron confit égouttés (en conservant le jus de la marinade). Laissez cuire 4 min environ en mélangeant bien. Puis ajoutez 3 cuil. à soupe de marinade et laissez cuire 1 min à nouveau.

5 Déposez le poulet aux olives dans le fond d'un plat à gratin beurré. Recouvrez d'une belle couche de purée. Mettez au four 20 min environ. Servez *illico presto*.

Les ingrédients pour 4 à 6 personnes

Pour la viande

5 blancs de poulet
2 échalotes
1 citron
½ citron confit
6 cuil. à soupe d'huile d'olive
1 poignée d'olives vertes dénoyautées
1 noisette de beurre pour la poêle

Pour la purée

1,2 kg de pommes de terre
15 cl de lait
80 g de beurre
3 pincées de thym
1 noisette de beurre pour le plat
sel et poivre

Astuces_ • Quand vous avez le temps, coupez les olives en petits morceaux, c'est trop bon ! • Si vous n'avez pas de citron confit sous la main, remplacez-le par le zeste du citron.

Parmentier de boudin noir aux petits oignons

PRÉPARATION 30 MIN | **CUISSON** 15 MIN | **COÛT** ★ | **DIFFICULTÉ** ★★

1 Portez à ébullition une casserole d'eau salée. Épluchez les pommes de terre et coupez-les en morceaux. Quand l'eau bout, ajoutez-les et faites-les cuire 25 min environ.

2 Pendant ce temps, retirez la peau du boudin. Épluchez les oignons et coupez-les finement. Dans une poêle, faites chauffer le beurre. Ajoutez les oignons et faites-les revenir 3 min. Ajoutez le boudin et les pincées de mélange quatre-épices et faites revenir 3 min à nouveau en mélangeant bien. Déposez le boudin aux oignons dans le fond d'un plat à gratin.

3 Préchauffez le four à 200 °C (th. 6-7). Une fois les pommes de terre cuites, égouttez-les bien puis passez-les au moulin à légumes. Ajoutez le lait, le beurre et le curry. Salez et poivrez généreusement. Mélangez énergiquement jusqu'à obtention d'une purée onctueuse. Recouvrez le boudin d'une belle couche de purée. Parsemez le tout de chapelure et mettez au four 15 min environ. Servez *illico presto*.

Les ingrédients pour 4 à 6 personnes

Pour le boudin

600 g de boudin noir
6 petits oignons nouveaux
6 pincées de mélange quatre-épices
1 noisette de beurre pour la poêle
sel et poivre

Pour la purée

1,2 kg de pommes de terre
15 cl de lait
80 g de beurre
5 pincées de curry en poudre
2 cuil. à soupe de chapelure
sel et poivre

la botte secrète d'aude et leslie

Ajoutez une couche de quartiers de pommes poêlés dans du beurre entre le boudin et la purée de pommes de terre. Ce petit goût sucré-salé est juste trop bon !

le verre de vin qui va bien

Mmm, un morgon irait bien, ici...

Parmentier de canard, carottes et curry

PRÉPARATION 35 MIN | **CUISSON** 15 MIN | **COÛT** ★★ | **DIFFICULTÉ** ★★

1 Épluchez les carottes et les pommes de terre et coupez-les en morceaux. Dans une casserole d'eau bouillante salée, faites cuire les pommes de terre 25 min environ. Au bout de 10 min, ajoutez les carottes.

2 Pendant ce temps, lavez la coriandre et coupez-la finement. Épluchez les échalotes et hachez-les. Dégraissez les magrets de canard et coupez-les en petites lanières. Dans une poêle antiadhésive, faites fondre le beurre. Ajoutez les échalotes et faites-les revenir 4 min. Puis ajoutez le canard, le vinaigre et le miel. Faites cuire 4 min à nouveau en mélangeant régulièrement.

3 Préchauffez le four à 200 °C (th. 6-7). À la fin de la cuisson, égouttez les légumes. Puis passez-les au moulin à légumes au-dessus d'un saladier contenant la crème fraîche, la noix de beurre et le curry. Ajoutez la coriandre, salez et poivrez. Mélangez bien.

4 Déposez la poêlée de canard dans le fond d'un plat à gratin. Recouvrez le tout d'une belle couche de purée de carottes. Mettez au four 15 min environ. Servez bien chaud.

Les ingrédients pour 4 à 6 personnes

Pour le canard

2 échalotes
2 magrets de canard
(600 g environ au total)
50 g de beurre
3 cuil. à soupe de vinaigre de xérès
4 cuil. à soupe de miel liquide

Pour la purée

10 carottes moyennes
2 pommes de terre
4 brins de coriandre
3 cuil. à soupe de crème fraîche
1 noix de beurre
6 pincées de curry en poudre
sel et poivre

Astuce_ Si vous n'avez pas de vinaigre de xérès, troquez-le contre du vinaigre balsamique.

la botte secrète d'aude et leslie

Comme on est super gourmandes, on adore ajouter un peu de parmesan râpé sur le dessus du hachis juste avant de le mettre au four.

Hachis de confit de canard et noisettes

PRÉPARATION 30 MIN | **CUISSON** 25 MIN | **COÛT** ★★ | **DIFFICULTÉ** ★★

1 Portez à ébullition une casserole d'eau salée. Épluchez les pommes de terre et coupez-les en morceaux. Quand l'eau bout, ajoutez-les et faites-les cuire 25 min environ.

2 Pendant ce temps, concassez grossièrement les noisettes dans un mortier. Épluchez les oignons et coupez-les finement. Dans une poêle, faites chauffer quelques instants les cuisses de canard pour enlever la graisse superflue. Puis récupérez la chair du canard et émiettez-la grossièrement.

3 Dans une seconde poêle, faites chauffer 1 cuil. à soupe de graisse de canard (que vous aurez récupérée dans la conserve). Ajoutez les oignons et faites-les revenir 4 min. Puis ajoutez le canard et laissez cuire 5 min à feu vif en mélangeant bien.

4 Préchauffez le four à 200 °C (th. 6-7). Une fois les pommes de terre cuites, égouttez-les bien puis passez-les au moulin à légumes. Ajoutez le lait, la muscade et le beurre. Salez et poivrez généreusement. Mélangez énergiquement jusqu'à obtention d'une purée onctueuse.

5 Déposez la moitié de la purée dans le fond d'un plat à gratin beurré. Puis répartissez le canard, recouvrez-le avec le reste de purée et parsemez le tout de noisettes concassées. Mettez au four 20 à 25 min environ. Servez *illico presto*.

Les ingrédients pour 4 à 6 personnes

Pour le canard

1 poignée de noisettes

3 oignons

5 cuisses de canard confites en conserve

Pour la purée

1,2 kg de pommes de terre

20 cl de lait

3 pincées de noix de muscade en poudre

50 g de beurre

1 noisette de beurre pour le plat à gratin

sel et poivre

le tuyau de laurence

Remplacez une partie de la viande (1/4 environ) par la même quantité de gésiers de canard confits à la graisse d'oie, en vente sous-vide dans les grandes surfaces.

le verre de vin qui va bien

Un bon bergerac rouge, quoi d'autre ? Ou un gaillac peut-être...

Purée crémeuse de brocolis

PRÉPARATION 15 MIN | **CUISSON** 20 MIN | **COÛT** ★ | **DIFFICULTÉ** ★

1 Dans une casserole, portez à ébullition 1 l d'eau. Ajoutez le cube de bouillon et remuez bien pour le diluer. Conservez hors du feu.

2 Lavez le brocoli et détachez les têtes. Coupez les tiges en morceaux. Épluchez le poireau, lavez-le bien et émincez-le. Épluchez les oignons et coupez-les finement.

3 Dans une grande casserole, faites chauffer l'huile. Ajoutez les oignons et faites-les revenir 3 min. Puis ajoutez les brocolis, le poireau et le paprika. Salez et poivrez. Faites revenir le tout 2 min à nouveau en mélangeant bien. Puis versez le bouillon, couvrez et laissez cuire 15 à 20 min environ.

4 À la fin de la cuisson, égouttez les légumes et passez-les au mixeur avec le mascarpone et la ciboulette jusqu'à obtention d'une purée onctueuse. Servez *illico presto*.

Les ingrédients pour 4 personnes

1 cube de bouillon aux herbes
1 kg de brocolis
1 beau poireau
2 oignons
6 pincées de paprika en poudre
2 cuil. à soupe de mascarpone
2 cuil. à soupe de ciboulette ciselée
1 beau filet d'huile d'olive pour la casserole
sel et poivre

Astuces_ • Pour aller plus vite, utilisez des brocolis et du poireau surgelés. • Lorsque vous passez vos ingrédients au mixeur, allez-y par à-coups et, entre chaque session, dégagez les hélices à l'aide d'une cuillère en bois (avec l'appareil débranché pour un max de sécurité).
• Pour faciliter le mixage des légumes, ajoutez 1 à 2 cuil. d'eau de cuisson dans le mixeur.

Délicieux avec..._ Servez cette purée avec 1 simple tranche de jambon blanc pour les dîners du dimanche soir, des côtelettes grillées au thym ou 1 filet de bar.

la botte secrète d'aude et leslie

Nous, on adore ajouter du parmesan fraîchement râpé au dernier moment.

le tuyau de laurence

Quant à moi, j'adore servir cette purée avec des dés de feta.

le truc de stéphan

Pour donner un peu plus de corps, ajoutez quelques grains de riz en début de cuisson.

Purée toute verte

PRÉPARATION 20 MIN | **CUISSON** 20 MIN | **COÛT** ★ | **DIFFICULTÉ** ★

1 Lavez et équeutez les haricots verts. Écossez les petits pois. Dans une grande casserole d'eau bouillante salée, faites cuire les haricots verts et les petits pois 20 min environ.

2 Pendant ce temps, lavez le persil plat. Épluchez les échalotes et l'ail, et hachez-les. À la fin de la cuisson des légumes, égouttez-les bien. Dans une grande poêle antiadhésive, faites chauffer l'huile. Ajoutez les échalotes et faites-les revenir 3 min.

3 Puis ajoutez l'ail, les petits pois et les haricots verts. Faites revenir le tout 5 à 6 min en mélangeant bien. Puis passez le contenu de la poêle au mixeur avec le persil plat et la ricotta. Salez et poivrez. Servez chaud.

Les ingrédients pour 4 personnes

750 g de haricots verts

450 g de petits pois

½ bouquet de persil plat

2 échalotes

½ gousse d'ail

2 cuil. à soupe de ricotta

1 beau filet d'huile d'olive pour la poêle

sel et poivre

Astuces_ • Pour aller plus vite, utilisez des haricots verts et des petits pois surgelés.
• Pour varier les plaisirs, troquez la ricotta contre 2 Kiri ou 2 cuil. à soupe de crème fraîche.

Délicieux avec..._ Nous, on l'adore avec 1 bavette à l'échalote, 1 papillote de saumon ou des œufs à la coque.

Purée de courgettes gratinée au stilton

PRÉPARATION 20 MIN | **CUISSON** 35 MIN | **COÛT** ★ | **DIFFICULTÉ** ★★

→ LE PETIT GOÛT DU STILTON GRATINÉ SUR UNE PURÉE DE COURGETTES, C'EST CARRÉMENT INIMITABLE. TOUTE LA FAMILLE CRAQUE...

1 Épluchez les pommes de terre, lavez-les et coupez-les en morceaux. Faites-les cuire dans une casserole d'eau bouillante salée 25 min environ. Pendant ce temps, lavez les courgettes, ôtez les extrémités et coupez-les en tronçons. Puis faites-les cuire dans une seconde casserole d'eau bouillante salée, 10 min environ.

2 Préchauffez le four à 180 °C (th. 6). Râpez grossièrement le stilton. Beurrez un plat à gratin. Une fois les légumes cuits, égouttez-les puis passez-les au moulin à légumes. Ajoutez le beurre salé et le colombo. Salez légèrement et poivrez. Mélangez bien. Répartissez la purée dans le plat à gratin et parsemez le tout de stilton. Mettez au four 10 min en terminant la cuisson par 2 min sous le gril. Servez *illico presto*.

Les ingrédients pour 4 personnes

3 belles pommes de terre
1 kg de courgettes
150 g de stilton
40 g de beurre salé
5 pincées de colombo en poudre (facultatif)
1 noisette de beurre pour le plat à gratin
sel et poivre

Astuce_ Vous pouvez remplacer le stilton par du cheddar ou du gruyère râpé et le beurre par de la crème fraîche.

Délicieux avec..._ • Pour un repas complet, servez cette purée avec des côtelettes d'agneau ou 1 rôti de porc. • Pour un brunch qui change, accompagnez-la d'1 salade composée et de charcuterie.

le truc de stéphan

Pour bien réussir cette recette, choisissez des courgettes très fermes, de petite taille : elles contiennent moins d'eau.

Purée de chou-fleur aux lardons

PRÉPARATION 15 MIN I **CUISSON** 20 MIN I **COÛT** ★ I **DIFFICULTÉ** ★

1 Dans un faitout d'eau bouillante salée, faites cuire le chou-fleur avec le bouquet garni 20 min environ. Pendant ce temps, dans une poêle antiadhésive, faites poêler les lardons 5 à 7 min jusqu'à ce qu'ils soient bien dorés. Mélangez régulièrement.

2 Une fois le chou-fleur cuit, égouttez-le et ôtez le bouquet garni. Puis passez le chou-fleur au mixeur avec le mascarpone et la noix de muscade. Salez et poivrez. Servez la purée chaude avec les lardons au centre.

Les ingrédients pour 4 personnes

1,5 kg de chou-fleur surgelé
1 bouquet garni
150 g de lardons
2 cuil. à soupe de mascarpone
6 pincées de noix de muscade en poudre
sel et poivre

Astuce_ Vous pouvez remplacer le mascarpone par de la crème fraîche pour un côté moins « sploutch ».

Pour varier_ **La même mais en plus rapide**. Pour aller plus vite, troquez les lardons contre des lamelles de jambon blanc. Vous zapperez ainsi l'étape de la poêle.

Délicieux avec..._ Un délice avec 1 saucisse de Morteau ou 1 filet de cabillaud.

la botte secrète d'aude et leslie

Nous, quand on se fait des plateaux-télé, on adore ajouter plein de comté râpé. Ça devient un plat unique...

Purée de pois cassés au comté

PRÉPARATION 10 MIN | **CUISSON** 45 MIN | **COÛT** ★ | **DIFFICULTÉ** ★

→ C'EST CLAIREMENT UN DE NOS BEST OF... SI ON S'ÉCOUTAIT, ON EN MANGERAIT TOUS LES JOURS. À VOUS DE JOUER !

1 Épluchez l'oignon et la carotte et coupez-les en gros morceaux. Rincez les pois cassés. Déposez-les dans une casserole et versez deux fois leur volume d'eau froide. Puis ajoutez l'oignon, le bouquet garni et la carotte. Salez et poivrez. Laissez cuire 45 min environ à feu doux et à moitié couvert. Remuez régulièrement.

2 Une fois les légumes cuits, égouttez-les en gardant quelques louches d'eau de cuisson. Ôtez le bouquet garni. Puis passez les légumes au mixeur avec un peu d'eau de cuisson jusqu'à obtention d'une purée onctueuse. Ajoutez le comté râpé et le beurre, rectifiez l'assaisonnement et servez *illico presto*.

Les ingrédients pour 4 à 6 personnes

- 1 oignon
- 1 carotte
- 300 g de pois cassés
- 1 bouquet garni
- 80 g de comté râpé
- 30 g de beurre
- sel et poivre

Astuce_ Sachez que la purée de pois cassés a tendance à durcir en refroidissant. Pour la réchauffer, n'hésitez pas à ajouter 4 cuil. à soupe d'eau chaude avant de la faire chauffer à feu doux.

Délicieux avec..._ Accompagnez cette purée de jambon aux herbes, d'1 côte de porc poêlée, d'1 sole grillée ou de chipolatas.

la botte secrète d'aude et leslie

Avec des petits lardons poêlés au centre, c'est carrément bon !

le tuyau de laurence

J'adore cette purée surtout quand les filles remplacent le bouillon par du lait de coco. C'est divinement bon.

le truc de stéphan

Une purée délicieuse... et une mine de bienfaits pour la santé ! Préparez-la souvent.

Purée épicée aux lentilles

PRÉPARATION 20 MIN | **CUISSON** 30 MIN | **COÛT** ★ | **DIFFICULTÉ** ★

→ UNE PURÉE DE LENTILLES À LA FOIS TOUTE SIMPLE ET ORIGINALE. LE BOUILLON AUX ÉPICES ET LE CURRY DONNENT UN PETIT GOÛT DONT ON NE SE LASSE PAS...

1 Rincez les lentilles. Épluchez la carotte et l'oignon et coupez-les en gros morceaux. Remplissez un faitout aux 3/4 d'eau et portez à ébullition. Ajoutez le cube de bouillon et remuez bien pour le diluer. Puis ajoutez les lentilles, la carotte et l'oignon. Salez et poivrez. Laissez cuire à feu moyen et à couvert 30 min.

2 Pendant ce temps, lavez et ciselez la coriandre. À la fin de la cuisson, égouttez les légumes en gardant une louche d'eau de cuisson. Puis passez-les au mixeur avec la coriandre, le curry et un peu d'eau de cuisson jusqu'à obtention d'une belle purée. Servez bien chaud.

Les ingrédients pour 4 à 6 personnes

300 g de lentilles du Puy

1 carotte

1 oignon

1 cube de bouillon aux épices

4 brins de coriandre

6 pincées de curry en poudre

sel et poivre

Astuces_ • Pour renforcer le côté épicé, piquez 1 clou de girofle dans 1 morceau d'oignon. N'oubliez pas de le retirer avant de mixer. • Pour d'autres saveurs, troquez le curry contre du curcuma. Mmm ! • Si vous l'aimez plus crémeuse, ajoutez 1 cuil. à soupe de crème fraîche.

Délicieux avec..._ • Pour un repas complet, servez cette purée avec 1 andouillette, du petit salé ou 1 saucisse de Toulouse. • Pour un repas plus léger, accompagnez-la d'1 filet de cabillaud ou tout simplement de jambon blanc !

la botte secrète d'aude et leslie

On a servi cette purée l'autre jour à nos copains avec 1 belle saucisse de Morteau, c'était trop bon !

le tuyau de laurence

Je mets toujours 1 morceau de lard fumé (100 g environ) quand je fais cuire les lentilles, cela leur donne ce petit goût délicieux que nous adorons tous.

Purée de potimarron au gingembre

PRÉPARATION 20 MIN | **CUISSON** 40 MIN | **COÛT** ★ | **DIFFICULTÉ** ★

→ LE POTIMARRON, AVEC SON PETIT GOÛT DE NOISETTE, GAGNE À ÊTRE CONNU. TESTEZ CETTE RECETTE AVEC UN PEU DE PERSIL PLAT CISELÉ AJOUTÉ AU DERNIER MOMENT, C'EST TROP BON...

1 Rincez les pommes de terre et le potimarron non épluchés. Dans un grand faitout d'eau bouillante salée, faites cuire le potimarron entier, 40 min environ. Au bout de 15 min, ajoutez les pommes de terre dans la casserole.

2 Pendant ce temps, ôtez la peau beige du gingembre et râpez-le sur les gros trous d'une râpe. À la fin de la cuisson, égouttez les légumes. Épluchez les pommes de terre et ôtez la peau du potimarron à l'aide d'un bon couteau. Récupérez-en la chair (sans les pépins). Puis passez les légumes au presse-purée.

3 Déposez la purée dans un saladier, ajoutez la crème, la noix de muscade et le gingembre. Salez et poivrez. Mélangez bien et servez *illico presto*.

Les ingrédients pour 4 personnes

- 2 pommes de terre
- 1,5 kg de potimarron
- 2 cm de racine de gingembre
- 3 cuil. à soupe de crème fraîche
- 4 pincées de noix de muscade en poudre
- sel et poivre

Délicieux avec..._ Cette purée accompagnera parfaitement 1 navarin d'agneau, 1 côte de veau, 1 entrecôte grillée ou 1 filet de cabillaud à la vapeur.

la botte secrète d'aude et leslie

Pour jouer la carte sucrée-salée, troquez les pommes de terre contre des patates douces et ajoutez quelques pincées de cannelle en poudre. Un délice !

le tuyau de laurence

Là encore, vous allez dire que c'est une manie, je remplace la crème fraîche par de la crème de coco. Trop top !

le truc de stéphan

Pour obtenir une saveur un peu moins marquée mais tout aussi agréable, mettez le gingembre frais à cuire en même temps que le potimarron.

Purée artichauts et pommes de terre

PRÉPARATION 20 MIN | **CUISSON** 20 MIN | **COÛT** ★ | **DIFFICULTÉ** ★

1 Épluchez les pommes de terre et coupez-les en grosses rondelles. Dans une casserole d'eau bouillante salée, faites-les cuire avec les artichauts encore surgelés 20 min environ. Dans une autre casserole, portez le lait à ébullition.

2 À la fin de la cuisson, égouttez les légumes et passez-les au presse-purée au-dessus d'une casserole contenant le beurre. Puis faites chauffer la casserole à feu doux en mélangeant énergiquement à l'aide d'un fouet. Versez progressivement le lait chaud jusqu'à obtention d'une consistance onctueuse. Ajoutez l'huile de noix et le curry. Salez et poivrez généreusement. Mélangez bien et servez *illico presto*.

Les ingrédients pour 4 personnes

5 pommes de terre
600 g de cœurs d'artichauts surgelés
15 cl de lait entier
75 g de beurre
1 cuil. à soupe d'huile de noix
5 pincées de curry en poudre
sel et poivre

Astuce_ Pour encore plus de saveurs, ajoutez, au choix, un peu de cumin en poudre ou de persil plat ciselé.

Délicieux avec..._ Cette recette est juste trop bonne avec des papillotes de saumon, des côtelettes d'agneau, 1 rôti de veau ou 1 tranche de colin.

la botte secrète d'aude et leslie

Super bon avec quelques noisettes concassées sur le dessus...

le tuyau de laurence

Prenez 4 tomates séchées, détaillez-les en tout petits dés et parsemez-en la purée au moment de servir.

Purée de céleri au cerfeuil

PRÉPARATION 15 MIN | **CUISSON** 25 MIN | **COÛT** ★ | **DIFFICULTÉ** ★

1 Épluchez le céleri et les pommes de terre et coupez-les en morceaux. Dans une grande casserole d'eau bouillante salée, faites cuire le céleri et les pommes de terre 20 à 25 min. Lavez le cerfeuil et coupez-le finement.

2 À la fin de la cuisson, égouttez les légumes et passez-les au presse-purée au-dessus d'un saladier contenant la crème liquide et les pincées de mélange quatre-épices. Salez et poivrez. Mélangez bien et servez chaud parsemé de cerfeuil.

Les ingrédients pour 4 personnes

1 grosse boule de céleri-rave
2 pommes de terre
½ bouquet de cerfeuil
15 cl de crème liquide
6 pincées de mélange quatre-épices
sel et poivre

Astuces_ • Pour les accros de céleri, zappez les pommes de terre... • Pour des saveurs plus corsées, ajoutez 1 cuil. à café de moutarde forte. • Pour un petit goût encore plus relevé, ajoutez 3 pincées de noix de muscade en poudre en même temps que le mélange quatre-épices.

Délicieux avec..._ • Du côté des poissons, essayez 1 filet de bar ou 1 pavé de saumon. • Si vous préférez la viande, misez sur du jambonneau, des chipolatas ou du gibier.

la botte secrète d'aude et leslie

Pour donner une jolie couleur, troquez le mélange quatre-épices contre du curcuma en poudre. Aussi beau que bon !

le tuyau de laurence

Je remplace les pommes de terre par 2 pommes, cela donne une délicieuse note fruitée à cette purée. Le fin du fin c'est de la servir avec du boudin noir grillé, pour ceux qui aiment c'est topissime !

le truc de stéphan

Pour préserver (en partie) la belle couleur blanche du céleri, faites-le cuire dans du lait ou dans de l'eau légèrement citronnée.

Purée de pommes de terre à l'huile d'olive

PRÉPARATION 25 MIN | **CUISSON** 20 MIN | **COÛT** ★ | **DIFFICULTÉ** ★

→ IL N'Y A RIEN DE MEILLEUR QU'UNE PURÉE DE POMMES DE TERRE « MAISON ». ALORS À L'HUILE D'OLIVE, ON NE VOUS DIT QUE ÇA...

Les ingrédients pour 4 personnes

1 kg de pommes de terre

15 cl de lait entier

1 belle poignée d'olives noires dénoyautées

4 cuil. à soupe d'huile d'olive

fleur de sel et poivre du moulin

1 Épluchez les pommes de terre et coupez-les en morceaux. Dans une casserole d'eau bouillante salée, faites-les cuire 20 min. Dans une autre casserole, portez le lait à ébullition. Coupez les olives en petits morceaux.

2 À la fin de la cuisson, égouttez les pommes de terre et passez-les au presse-purée au-dessus d'une casserole contenant l'huile d'olive. Puis faites chauffer la casserole à feu doux en mélangeant énergiquement à l'aide d'un fouet. Versez progressivement le lait chaud jusqu'à obtention d'une consistance onctueuse. Ajoutez les olives. Salez et poivrez. Mélangez bien et servez *illico presto*.

Astuces_ • Vous pouvez remplacer les olives noires par des vertes ou des fines herbes ciselées pour d'autres saveurs. • Pour les plus gourmands, ajoutez quelques pignons de pin poêlés à sec juste avant de servir.

Délicieux avec..._ Cette purée gourmande sera parfaite avec 1 sole meunière, du poisson poché, 1 côte de bœuf ou des blancs de poulet à la crème.

la botte secrète d'aude et leslie

Pour les jours de fête, sortez l'huile de truffe et zappez l'huile d'olive... Et si vous allez jusqu'à remplacer les olives noires par des petits morceaux de truffe fraîche, c'est le paradis !

le tuyau de laurence

J'adore cette purée mais n'hésitez pas à choisir une huile d'olive de qualité. Au moment de servir, arrosez d'1 beau filet... un régal.

Purée de patates douces aux amandes

PRÉPARATION 25 MIN | **CUISSON** 30 MIN | **COÛT** ★ | **DIFFICULTÉ** ★

1 Épluchez les patates douces et coupez-les en gros dés. Dans une grande casserole d'eau bouillante salée, faites-les cuire 30 min environ. Pendant ce temps, dans une poêle antiadhésive, faites poêler à sec les amandes effilées 1 min jusqu'à ce qu'elles soient bien dorées.

2 À la fin de la cuisson, égouttez les patates douces et passez-les au moulin à légumes au-dessus d'une casserole contenant le beurre. Puis faites chauffer la casserole à feu doux en mélangeant bien. Versez progressivement la crème fleurette, jusqu'à obtention d'une consistance onctueuse. Salez et poivrez. Juste avant de servir, ajoutez l'huile de noisette et les amandes effilées.

Les ingrédients pour 4 personnes

1 kg de patates douces
1 poignée d'amandes effilées
40 g de beurre
15 cl de crème fleurette
1 cuil. à soupe d'huile de noisette (facultatif)
sel et poivre

Astuce_ À vous de trouver le bon dosage de crème fleurette selon la consistance que vous aimez.

Délicieux avec..._ • Si vous avez des invités servez-la avec 1 poulet rôti ou 1 lapin à la moutarde. • Avec 1 steak haché elle est très bonne aussi !

la botte secrète d'aude et leslie

Passez la moitié des patates douces avec la grille fine du moulin à légumes et écrasez à la fourchette l'autre moitié pour un mélange de textures au top...

le truc de stéphan

Vous pouvez aussi servir cette purée glacée, dans des bols, avec 1 trait d'huile vierge de colza et quelques gouttes de jus de citron.

La purée de pommes de terre de mon homme

PRÉPARATION 25 MIN | **CUISSON** 25 MIN | **COÛT** ★ | **DIFFICULTÉ** ★

→ C'EST L'AMOUREUX DE LESLIE QUI LUI PRÉPARE CETTE PURÉE... AVEC AMOUR. LA TEXTURE DES POMMES DE TERRE ÉCRASÉES EST JUSTE DINGUE ; ALORS OUI, ÇA PREND UN PEU DE TEMPS, MAIS ÇA VAUT LE COUP !

1 Épluchez les pommes de terre et coupez-les en deux. Dans une grande casserole d'eau bouillante, faites-les cuire 25 min environ avec du gros sel. À la fin de la cuisson, égouttez-les bien.

2 Dans une casserole à feu doux, déposez 1/3 du beurre et 1/3 des pommes de terre, puis écrasez le tout à la fourchette. Ajoutez petit à petit le reste des pommes de terre et de beurre jusqu'à épuisement des ingrédients en continuant d'écraser. Ajoutez ensuite la crème fraîche et le lait. Mélangez énergiquement. Salez et poivrez. Servez bien chaud.

Les ingrédients pour 4 personnes

16 belles pommes de terre
125 g de beurre
2 belles cuil. à soupe de crème fraîche
3 cuil. à soupe de lait
gros sel et poivre du moulin

Astuce_ Les pommes de terre doivent être cuites mais encore un peu fermes avant de les écraser.

Délicieux avec..._ Vous pouvez la savourer avec tout (sauf si vous êtes au régime) !

Purée de fèves à la coriandre de Stéphan

PRÉPARATION 15 MIN | **CUISSON** 5 MIN | **COÛT** ★ | **DIFFICULTÉ** ★

→ ON DOIT CETTE SUPER RECETTE À NOTRE COPAIN STÉPHAN, UN DES QUATRE PILIERS DE LA POPOTE. AVEC UN PETIT POISSON GRILLÉ, C'EST À SE DAMNER...

1 Dans une grande casserole d'eau bouillante salée, faites cuire les fèves encore surgelées 5 min environ. Pendant ce temps, lavez la coriandre et détachez les feuilles.

2 À la fin de la cuisson, égouttez les fèves. Faites chauffer l'huile dans une grande poêle, puis ajoutez les fèves et le cumin. Salez et poivrez. Faites revenir 5 min en mélangeant bien. Passez les fèves au mixeur avec la ricotta et la coriandre. Servez *illico presto*.

Les ingrédients pour 4 personnes

900 g de fèves pelées surgelées
½ bouquet de coriandre
6 pincées de cumin en poudre
2 cuil. à soupe de ricotta
1 beau filet d'huile d'olive pour la poêle
sel et poivre

Astuce_ Pour les plus gourmands, ajoutez un peu de ricotta supplémentaire...

Délicieux avec..._ Préparez cette purée en accompagnement de petits rougets grillés, d'1 pintade rôtie ou d'1 aile de raie pochée.

le truc de stéphan

Préparez aussi cette purée en remplaçant l'huile d'olive par de l'huile de sésame.

Purée aux quatre légumes

PRÉPARATION 25 MIN | **CUISSON** 30 MIN | **COÛT** ★ | **DIFFICULTÉ** ★

Les ingrédients pour 4 personnes

2 pommes de terre
2 patates douces
3 courgettes
2 belles poignées de haricots verts
1 belle noix de beurre salé
2 cuil. à soupe de crème fraîche
4 pincées de curry en poudre
2 pincées de piment d'Espelette
sel et poivre

1 Épluchez les pommes de terre et les patates douces. Coupez-les en gros morceaux. Puis faites-les cuire 25 à 30 min dans une casserole d'eau bouillante salée.

2 Lavez les courgettes et coupez-les en gros tronçons. Équeutez les haricots verts et rincez-les. Puis faites-les cuire 15 min dans une seconde casserole d'eau bouillante salée.

3 À la fin de la cuisson des 4 légumes, égouttez-les bien et passez-les au moulin à légumes. Mélangez le tout avec le beurre coupé en lichettes, la crème, le curry et le piment. Salez et poivrez. Servez *illico presto*.

Astuce_ Pour aller plus vite, utilisez des haricots verts déjà équeutés en barquette ou surgelés.

Délicieux avec..._ • Pour un repas festif, servez cette purée en accompagnement d'1 magret de canard ou de coquilles Saint-Jacques poêlées. • Elle accompagnera également tous les poissons vapeur.

la botte secrète d'aude et leslie

Pour séduire les papilles des enfants, troquez la crème fraîche contre du Kiri !

Purée d'asperges à la ricotta

PRÉPARATION 15 MIN | **CUISSON** 25 MIN | **COÛT** ★★ | **DIFFICULTÉ** ★★

1 Rincez les asperges, ôtez leur pied puis coupez-les en tronçons. Épluchez la pomme de terre et coupez-la en morceaux. Dans une grande casserole d'eau bouillante salée, faites cuire la pomme de terre 25 min environ. À mi-cuisson, ajoutez les asperges.

2 Pendant ce temps, lavez la menthe et coupez-la finement. Dans une poêle antiadhésive, faites poêler à sec les graines de sésame 30 s jusqu'à ce qu'elles soient bien dorées.

3 À la fin de la cuisson des légumes, égouttez-les bien, puis passez-les au mixeur avec la ricotta. Salez et poivrez, puis servez la purée chaude parsemée de menthe et de sésame.

Les ingrédients pour 4 personnes

1,2 kg d'asperges vertes

1 pomme de terre

3 brins de menthe

2 cuil. à soupe de graines de sésame

3 cuil. à soupe de ricotta

sel et poivre

Astuces_ • Pour aller plus vite, utilisez des asperges surgelées. • Vous pouvez remplacer la ricotta par de la crème fraîche. • Lorsque vous passez vos ingrédients au mixeur, allez-y par à-coups et, entre chaque session, dégagez les hélices à l'aide d'une cuillère en bois (avec l'appareil débranché pour un max de sécurité). • Pour faciliter le mixage des légumes, ajoutez 1 à 2 cuil. d'eau de cuisson dans le mixeur.

Délicieux avec..._ Cette purée est idéale avec 1 travers de porc caramélisé, 1 steak de thon poêlé ou 1 rôti de bœuf.

le truc de stéphan

L'asperge est très riche en fibres et sa pulpe contient un certain nombre de « fils » qui s'attendrissent à la cuisson. Pour obtenir une purée aussi fine que possible, n'hésitez pas à les cuire plus que d'habitude.

Purée aux légumes du Sud

PRÉPARATION 20 MIN | **CUISSON** 1 H 30 | **COÛT** ★ | **DIFFICULTÉ** ★

→ LE CONCEPT DE LA RATATOUILLE MIXÉE EN PURÉE EST À BREVETER DE TOUTE URGENCE. CROYEZ-NOUS SUR PAROLE...

1 Lavez tous les légumes, épépinez les poivrons puis coupez le tout en morceaux sans les éplucher. Épluchez les oignons et coupez-les finement. Épluchez l'ail et hachez-le.

2 Dans une cocotte, faites chauffer l'huile. Ajoutez les oignons et faites-les revenir 4 min. Puis ajoutez les aubergines et l'ail, et poursuivez la cuisson de 4 min en mélangeant bien. Ajoutez enfin les tomates, les courgettes, les poivrons et les herbes de Provence. Salez et poivrez. Laissez cuire à feu très doux et à couvert 1 h 30 environ. Mélangez de temps en temps.

3 À la fin de la cuisson, égouttez les légumes si nécessaire. Puis passez-les au moulin à légumes ou au mixeur de façon à les réduire en purée. Servez chaud ou froid.

Les ingrédients pour 4 personnes

7 tomates
3 aubergines
4 courgettes
2 poivrons rouges
3 oignons
1 gousse d'ail
1 cuil. à soupe d'herbes de Provence
4 cuil. à soupe d'huile d'olive
sel et poivre

Astuces_ • Pour les mordus d'huile d'olive, arrosez les légumes d'un peu d'huile en cours de cuisson. • Si les légumes rendent trop de jus, n'hésitez pas à enlever le couvercle de la cocotte à mi-cuisson.

Délicieux avec..._ • Servez-la froide avec de la viande froide et du jambon cru pour vos buffets et pique-niques. • Chaude, elle accompagnera parfaitement des rougets grillés, du thon, du saumon ou des côtelettes d'agneau.

la botte secrète d'aude et leslie

Quand vous avez le temps, allongez le temps de cuisson de 30 min, les légumes n'en seront que plus confits.

Brandade de morue à ma façon

PRÉPARATION 25 MIN | **CUISSON** 8 MIN | **DESSALAGE** 12 H | **COÛT** ★★ | **DIFFICULTÉ** ★★

Les ingrédients pour 4 à 6 personnes

1 kg de morue salée (en filets)
2 gousses d'ail
35 cl d'huile d'olive
25 cl de lait
poivre

1 Faites dessaler la morue : rincez les filets puis déposez-les, la peau vers le haut, dans une passoire que vous plongerez dans une bassine d'eau froide. Laissez dessaler 12 h en changeant l'eau 3 fois.

2 Portez à ébullition une grande casserole d'eau. Ajoutez la morue et laissez cuire 8 min à feu doux. À la fin de la cuisson, égouttez-la, ôtez la peau et les arêtes, et émiettez-la.

3 Épluchez les gousses d'ail et hachez-les après avoir ôté le germe. Dans une casserole, faites chauffer 15 cl d'huile. À feux doux, ajoutez la morue et mélangez énergiquement à l'aide d'une cuillère en bois pour obtenir une pâte onctueuse. Ajoutez l'ail et poivrez.

4 Faites tiédir le reste d'huile et le lait, puis versez-les petit à petit et en alternant. Mélangez sans cesse pendant 12 à 15 min jusqu'à obtention d'une pâte lisse qui ressemble à une purée de pommes de terre.

Astuces_ • Si vous n'avez pas le temps de faire dessaler la morue, remplacez-la par de la morue déjà dessalée. • Si votre brandade est trop molle, ajoutez 2 petites pommes de terre cuites écrasées à la fourchette. Et si elle est trop compacte, rajoutez un peu de lait. • Pour un côté encore plus fondant, troquez la moitié du lait contre de la crème liquide.

la botte secrète d'aude et leslie

Pour une petite note acidulée, ajoutez 1 filet de jus de citron juste avant de servir.

le truc de stéphan

Pour donner une autre saveur à cette brandade, parfumez l'huile en y ajoutant l'ail haché et quelques feuilles de basilic. Faites chauffer sans laisser frire, laissez refroidir, filtrez et utilisez.

Purée de potiron gratinée au chèvre

PRÉPARATION 30 MIN | **CUISSON** 20 MIN | **COÛT** ★ | **DIFFICULTÉ** ★

→ VOICI SÛREMENT LA PURÉE PRÉFÉRÉE D'AUDE. ELLE LA MANGERAIT À LA PETITE CUILLÈRE...

1 Épluchez le potiron à l'aide d'un bon couteau, retirez les graines et coupez la chair en carrés. Dans une casserole, faites chauffer le beurre. Ajoutez le potiron. Faites-le cuire 20 min à feu doux en mélangeant régulièrement. À mi-cuisson, ajoutez 15 cl d'eau pour éviter que ça n'accroche.

2 Pendant ce temps, dans un saladier, battez les œufs en omelette puis ajoutez la crème fraîche et le paprika. Salez et poivrez. Mélangez bien. Coupez la bûche de chèvre en rondelles en laissant la croûte.

3 Préchauffez le four à 210 °C (th. 7). Une fois le potiron cuit, passez-le au moulin à légumes pour le réduire en purée. Versez la purée dans la préparation aux œufs. Mélangez bien puis ajoutez le gruyère râpé.

4 Répartissez le tout dans un plat à gratin puis disposez sur le dessus les rondelles de chèvre. Mettez au four 15 min environ en terminant la cuisson par 5 min sous le gril du four.

Les ingrédients pour 6 personnes

1,2 kg de potiron
50 g de beurre
2 œufs
15 cl de crème fraîche
4 pincées de paprika (facultatif)
1 bûche de chèvre
50 g de gruyère râpé
sel et poivre

Délicieux avec... • Servez cette purée avec 1 belle salade verte pour le dimanche soir.
• Pour un repas complet, optez pour 1 sole grillée.

la botte secrète d'aude et leslie

Pour d'autres saveurs, faites un mix de potiron et de potimarron, c'est extra !

le tuyau de laurence

Si vous avez des potes à dîner et que vous voulez les épater, faites des ramequins de purée individuels avec 1 rondelle de chèvre sur le dessus. Et n'oubliez pas le tour de moulin à poivre à la sortie du four avant de servir !

Purée de carottes pour l'apéro

PRÉPARATION 20 MIN | **CUISSON** 15 MIN | **COÛT** ★ | **DIFFICULTÉ** ★

1 Épluchez les carottes et coupez-les en gros tronçons. Dans une casserole d'eau bouillante salée, faites-les cuire 15 min environ. Ôtez la peau beige du gingembre et râpez-le sur les gros trous d'une râpe.

2 À la fin de la cuisson, égouttez les carottes. Dans une sauteuse, faites chauffer l'huile d'olive. Ajoutez les carottes, le curcuma, la cannelle, le colombo et le gingembre. Laissez cuire 7 à 8 min en mélangeant régulièrement.

3 Puis passez la poêlée de carottes au mixeur avec la Crème de yaourt. Placez au réfrigérateur avant de servir ce dip parsemé de raisins secs à l'heure de l'apéro.

Les ingrédients pour 6 personnes

13 carottes
1 cm de racine de gingembre
½ cuil. à café de curcuma en poudre
½ cuil. à café de cannelle en poudre
½ cuil. à café de colombo en poudre
1 Crème de yaourt nature
1 poignée de raisins secs blonds
1 beau filet d'huile d'olive pour la cocotte
sel et poivre

Délicieux avec..._ Pour un apéritif dînatoire, servez ces dips avec des gressins, du pain pita coupé en lamelles, des feuilles d'endive et des petits toasts de pain aux noix.

le truc de stéphan

Ajoutez 4 cuil. à soupe d'huile de sésame au moment de mixer les carottes.

Dip de sardines au Kiri

PRÉPARATION 10 MIN | **COÛT** ★ | **DIFFICULTÉ** ★

→ NOUS, ON ADORE SERVIR CE DIP DANS DES PETITS VERRES TRANSPARENTS (TYPE SHOTS À VODKA) : UNE COUCHE DE DÉS DE TOMATES FRAÎCHES, UNE COUCHE DE PURÉE DE SARDINES ET ON FINIT PAR QUELQUES GRAINES DE SÉSAME. CARRÉMENT CRAQUANT...

1 Égouttez les sardines, puis récupérez la chair en enlevant la peau et les arêtes.

2 Dans une assiette creuse, écrasez les filets de sardines avec les Kiri. Ajoutez le paprika, le sel et le poivre. Mélangez bien... et c'est prêt !

Les ingrédients pour 4 à 6 personnes

2 boîtes de sardines à l'huile d'olive
3 Kiri
3 pincées de paprika
sel et poivre

Astuce_ Salez légèrement, les sardines le sont déjà bien.

Délicieux avec..._ Servez ces dips sur des petits toasts de baguette, de pain de campagne ou dans 1 feuille de cœur de laitue.

la botte secrète d'aude et leslie

Pour un apéro qui en jette, farcissez des tomates cerise de cette super purée...

Tapenade de tomates séchées

PRÉPARATION 10 MIN **I COÛT ★ I DIFFICULTÉ ★**

1 Égouttez les olives, les tomates séchées et les câpres. Coupez grossièrement les tomates et la tranche de pain de mie.

2 Passez au mixeur tous les ingrédients. Placez au réfrigérateur jusqu'au moment de servir.

Astuces_ • N'hésitez pas à concasser grossièrement vos amandes avant de les passer au mixeur... Cela vous facilitera le mixage. • Lorsque vous passez les ingrédients au mixeur, allez-y par à-coups et, entre chaque session, dégagez les hélices à l'aide d'une cuillère en bois (avec l'appareil débranché pour un max de sécurité).

Délicieux avec..._ Cette tapenade accompagnera parfaitement des lamelles de pain pita, des crudités, des crackers, des gressins ou des Wasa avec des rondelles de concombre par-dessus.

Les ingrédients pour 6 personnes

50 g d'olives vertes dénoyautées
50 g d'olives noires dénoyautées
100 g de tomates séchées à l'huile d'olive
2 cuil. à soupe de câpres
1 tranche de pain de mie
70 g d'amandes entières grillées
6 pincées de sel de céleri
2 cuil. à soupe d'huile d'olive
1 cuil. à soupe de vinaigre balsamique
poivre du moulin

le truc de stéphan

Détendue avec de l'huile d'olive et du jus de citron, cette tapenade fera une très belle sauce pour accompagner du poisson.

Le vrai hoummous

PRÉPARATION 15 MIN I **CUISSON** 40 MIN I **REPOS** 12 H I **COÛT** ★ I **DIFFICULTÉ** ★

1 La veille, rincez les pois chiches et faites-les tremper dans un saladier d'eau (12 h minimum).

2 Dans une grande casserole d'eau froide, faites cuire les pois chiches 40 min environ jusqu'à ce qu'ils soient tendres. Épluchez la gousse d'ail et coupez-la en deux. Pressez le citron.

3 À la fin de la cuisson, égouttez bien les pois chiches en conservant l'eau de cuisson. Puis passez-les au mixeur avec l'ail, le jus de citron, 1 filet d'huile d'olive et le tahine. Salez et poivrez. Puis ajoutez un peu d'eau de cuisson jusqu'à obtention de la consistance voulue. Sachez que le hoummous a tendance à se durcir par la suite.

4 Laissez refroidir le hoummous, faites un puits et ajoutez-y le second filet d'huile d'olive. Parsemez le tout de paprika et servez.

Les ingrédients pour 6 personnes

300 g de pois chiches
1 gousse d'ail
1 citron
2 filets d'huile d'olive
2 cuil. à soupe de tahine (pâte de sésame)
6 pincées de paprika en poudre
sel et poivre

Astuces_ • Sachez qu'on trouve le tahine dans les épiceries asiatiques et orientales et dans certains magasins bio. • Pour une note *spicy*, ajoutez un peu de piment en poudre dans votre hoummous.

Délicieux avec..._ Le hoummous se sert avec du pain pita, des crackers au sésame, des gressins ou des brochettes d'agneau.

le verre de vin qui va bien

Servez un vin rouge libanais.

Tarama

PRÉPARATION 10 MIN | **COÛT** ★ | **DIFFICULTÉ** ★

→ ON EN EST TOTALEMENT FANS... D'AILLEURS, ON ÉVITE DE TROP EN FAIRE SINON ON TOMBE DANS LE POT !

Les ingrédients pour 6 personnes

250 g d'œufs de cabillaud
2 tranches de pain de mie
1 citron
2 cuil. à soupe de crème fraîche
10 cl d'huile d'olive

1 Récupérez les œufs de cabillaud dans la poche. Ôtez la croûte du pain de mie et trempez la mie dans un peu d'eau. Une fois la mie imbibée, pressez-la pour enlever le liquide. Pressez le citron.

2 Dans un saladier, déposez les œufs de cabillaud, la mie de pain, la crème fraîche et 2 cuil. à soupe de jus de citron. Commencez à écraser ce mélange à l'aide d'une fourchette. Poursuivez l'opération en fouettant avec un batteur électrique (ne vous inquiétez pas, ça prend un peu de temps...), puis ajoutez petit à petit l'huile tout en continuant de fouetter jusqu'à obtention d'un tarama onctueux. Mettez au réfrigérateur jusqu'au moment de servir.

Astuces_ • Pour d'autres saveurs, faites un mix d'huile d'olive et d'huile de tournesol.
• Nous, on l'adore comme ça. Mais vous pouvez ajouter un peu plus de crème fraîche pour un goût plus atténué.

Délicieux avec..._ Pour l'apéro, étalez ce délicieux tarama sur des blinis, des rondelles de concombre, des Tuc avec des œufs de saumon, ou tout simplement sur des toasts de pain de mie.

le tuyau de laurence

Pour les soirs de fête, j'ajoute des œufs de saumon au tarama, c'est joli et super bon.

Guacamole chipé au Mexique

PRÉPARATION 15 MIN | **COÛT** ★ | **DIFFICULTÉ** ★

→ ON DOIT CETTE SUCCULENTE RECETTE À NOTRE COPINE MARIE-ANNE QUI A HABITÉ AU MEXIQUE. EN RENTRANT EN FRANCE, ELLE L'A RAPPORTÉE DANS SES VALISES... EN VOICI LES SECRETS DE FABRICATION !

1 Pressez le citron. Coupez les avocats en deux, épluchez-les et déposez la chair dans un saladier sans jeter les noyaux. Écrasez l'avocat avec le jus de citron et le Tabasco à l'aide d'une fourchette.

2 Épluchez l'oignon, lavez la tomate et coupez-le tout en tout petits dés. Lavez la coriandre et coupez-la finement. Ajoutez l'oignon, la tomate et la coriandre à la purée d'avocat. Salez et rectifiez l'assaisonnement en fonction de vos goûts.

3 Redéposez les noyaux dans le guacamole, ça évitera que celui-ci ne noircisse, couvrez le saladier d'un film transparent et placez au réfrigérateur jusqu'au moment de servir.

Les ingrédients pour 6 personnes

1 citron vert
3 avocats bien mûrs
4 gouttes de Tabasco
1 oignon
1 tomate
1 brin de coriandre
sel

Astuce_ Pour un guacamole au top, choisissez des avocats de petite taille à peau épaisse et rugueuse.

Délicieux avec..._ • Servez ce guacamole avec des chips de maïs nature ou piquantes, selon vos goûts, ou dans 1 feuille d'endive avec quelques œufs de saumon dessus pour l'apéro. • Comme base pour vos sandwiches au poulet ou dans les fajitas, il sera parfait également.

le tuyau de laurence

J'utilise plutôt des oignons rouges, plus doux, ou alors des petites échalotes. Profitez de l'été pour faire la recette avec des oignons nouveaux.

Purée d'oignons à tout faire

PRÉPARATION 15 MIN | **CUISSON** 12 MIN | **COÛT** ★ | **DIFFICULTÉ** ★

1 Épluchez les oignons et émincez-les finement. Épluchez la pomme et râpez-la grossièrement. Dans une poêle, faites chauffer l'huile. Ajoutez les oignons et faites-les revenir 3 min. Ajoutez la pomme râpée, le gingembre, le colombo et le sucre roux. Laissez caraméliser à feu doux quelques minutes en mélangeant sans cesse (2 min environ).

2 Puis ajoutez le vinaigre et le Tabasco. Poivrez et laissez mijoter à feu doux 12 min environ en remuant régulièrement pour éviter que la purée d'oignons n'accroche. Laissez refroidir puis mettez au réfrigérateur jusqu'à utilisation.

Les ingrédients pour 4 personnes

2 oignons
3 petits oignons blancs
1 pomme granny-smith
3 pincées de gingembre en poudre
4 pincées de colombo en poudre
5 cuil. à soupe de sucre roux
2 cuil. à soupe de vinaigre de xérès
5 gouttes de Tabasco
1 filet d'huile d'olive pour la poêle
poivre du moulin

Délicieux avec..._ Cette purée d'oignons est idéale avec du fromage de chèvre, 1 tartine de pâté de campagne, du gibier, 1 entrecôte, du boudin noir ou blanc, 1 belle tranche de foie gras, de la viande froide, des petites pommes de terre cuites au four ou sur des petits toasts à l'apéro avec un lit de fromage frais... puisqu'on vous dit qu'elle est à tout faire !

la botte secrète d'aude et leslie

Cette purée est encore meilleure avec 1 belle pincée de cannelle ajoutée au même moment que le colombo.

Hachis de poires, chocolat et pain d'épice

PRÉPARATION 20 MIN | **CUISSON** 10 MIN | **COÛT** ★ | **DIFFICULTÉ** ★

→ VOILÀ UNE RECETTE QUI VOUS REPLONGERA DANS VOTRE TENDRE ENFANCE. MMM, L'ODEUR DU PAIN D'ÉPICE GRILLÉ ASSOCIÉ AU CHOCOLAT AU LAIT ET AU CARAMEL, C'EST JUSTE DINGUE !

1 Préchauffez le four à 230 °C (th. 7-8). Formez des pépites de chocolat à l'aide d'un couteau. Faites fondre le beurre au micro-ondes. Passez les tranches de pain d'épice au toaster jusqu'à ce qu'elles soient dorées. Puis émiettez-les dans un saladier. Versez le beurre fondu et les pincées de mélange quatre-épices. Mélangez soigneusement.

2 Égouttez les poires et coupez-les en petits morceaux que vous répartirez dans le fond d'un plat à gratin. Parsemez-les de pépites de chocolat au lait et de caramel. Puis répartissez la pâte au pain d'épice sur le dessus. Mettez au four 8 à 10 min jusqu'à ce que le hachis soit doré. Servez *illico presto*.

Les ingrédients pour 4 à 6 personnes

150 g de chocolat au lait
150 g de beurre salé
12 tranches de pain d'épice
4 pincées de mélange quatre-épices
3 boîtes de poires au sirop
(environ 680 g égouttées au total)
2 cuil. à soupe de pépites de caramel

Astuce_ Dans certains supermarchés, vous pouvez trouver des pépites de chocolat au lait toutes prêtes.

Pour varier_ Troquez le chocolat au lait contre du chocolat blanc et les pincées de mélange quatre-épices contre de la noix de coco râpée.

le verre de vin qui va bien

Un porto blanc, pour enrober tout ça...

Hachis de mangues, framboises et palets bretons de Laurence

PRÉPARATION 20 MIN | **CUISSON** 15 MIN | **COÛT** ★★ | **DIFFICULTÉ** ★

→ QUAND LAURENCE NOUS PRÉPARE CETTE PETITE RECETTE, ON FOND LITTÉRALEMENT...

1 Préchauffez le four à 200 °C (th. 6-7). Épluchez les mangues, coupez-les en petits morceaux, puis déposez-les dans le fond d'un plat à gratin. Saupoudrez-les de gingembre.

2 Rincez les framboises à l'eau claire et séchez-les en les déposant sur du papier absorbant. Dans un saladier, écrasez à la fourchette les framboises avec le sucre glace. Ajoutez cette purée sur les mangues.

3 Émiettez les palets bretons dans un mortier ou à la main. Puis, dans un saladier, mélangez les miettes de biscuits avec 5 cuil. à soupe d'eau jusqu'à obtention d'une pâte sableuse. Ajoutez cette pâte sur les fruits en une couche régulière. Mettez au four 15 min environ jusqu'à ce que la pâte soit bien gratinée.

Les ingrédients pour 6 personnes

3 belles mangues mûres
4 pincées de gingembre en poudre
250 g de framboises
3 cuil. à soupe de sucre glace
2 paquets de palets bretons

Astuce_ Si vos mangues ne sont pas assez mûres, faites-les poêler 7 min environ avec 1 noisette de beurre et 1 filet de miel.

la botte secrète d'aude et leslie

Pour les becs sucrés, ajoutez 2 cuil. à soupe de confiture de fraises sur les mangues avant d'ajouter la purée de framboises.

le verre de vin qui va bien

Moi, je verrais bien un saké servi légèrement chaud...

Hachis de bananes, ananas et müesli

PRÉPARATION 20 MIN | **CUISSON** 30 MIN | **COÛT** ★ | **DIFFICULTÉ** ★

→ UN HACHIS À DÉVORER AU PETIT DEJ'... PRÉPAREZ-LE LA VEILLE ET FAITES-LE RÉCHAUFFER QUELQUES MINUTES AU FOUR, VOUS VERREZ C'EST DIVIN !

1 Préchauffez le four à 180 °C (th. 6). Épluchez les bananes et coupez-les en rondelles. Égouttez l'ananas et coupez-le en petits morceaux. Dans une poêle bien chaude, faites caraméliser le miel quelques instants. Puis ajoutez les bananes et l'ananas et faites-les cuire 5 à 6 min jusqu'à obtention d'une purée grossière. Déposez le tout dans le fond d'un plat à gratin.

2 Faites ramollir le beurre au micro-ondes. Dans un saladier, mélangez la farine avec le müesli et le sucre roux. Puis ajoutez le beurre ramolli. Malaxez la préparation avec les mains puis émiettez-la sur les fruits. Mettez au four 30 min environ jusqu'à ce que le hachis soit bien doré. Servez tiède.

Les ingrédients pour 4 à 6 personnes

5 bananes
1 boîte moyenne d'ananas au sirop (335 g environ égouttés)
6 cuil. à soupe de miel liquide
80 g de beurre
60 g de farine
100 g de müesli
80 g de sucre roux

la botte secrète d'aude et leslie

Testez cette recette en ajoutant des copeaux de noix de coco entre les fruits et la pâte. C'est dingue !

Purée mangue-passion

PRÉPARATION 10 MIN | **COÛT** ★ | **DIFFICULTÉ** ★

→ LE TOP DU TOP... À TESTER DE TOUTE URGENCE, ÇA NE PREND QUE 10 MIN MONTRE EN MAIN !

1 Épluchez les mangues, récupérez la chair et déposez-la dans le bol du mixeur. Puis mixez-la avec le sorbet, le sucre vanillé et le gingembre.

Les ingrédients pour 4 personnes

2 mangues
2 boules de sorbet au fruit de la Passion
1 sachet de sucre vanillé
3 pincées de gingembre en poudre

Délicieux avec..._ Accompagnez cette purée de tuiles aux amandes, d'1 coulis de fruits rouges, d'1 belle noix de chantilly ou de florentins au chocolat blanc.

la botte secrète d'aude et leslie

Pour une version tutti frutti, ajoutez quelques framboises au centre et, pour un max de gourmandise, déposez des copeaux de chocolat blanc. À déguster avec des cigarettes russes évidemment !

le tuyau de laurence

Pour les pressés ou les flemmards... il existe des mangues fraîches déjà épluchées dans les magasins spécialisés en surgelés.

le verre de vin qui va bien

Dégustez cette recette originale avec un verre de rivesaltes.

Purée d'amour

PRÉPARATION 5 MIN | **CUISSON** 15 MIN | **COÛT** ★ | **DIFFICULTÉ** ★

→ UNE PETITE PURÉE ROUGE PASSION À DÉGUSTER LES YEUX DANS LES YEUX...

1 Ôtez la peau beige du gingembre et râpez-le sur les gros trous d'une râpe. Dans une poêle, faites chauffer le miel à feu doux. Ajoutez les fruits encore surgelés et le jus de citron. Laissez cuire le tout 15 min en mélangeant régulièrement. Ajoutez le sucre vanillé et le gingembre. Mélangez bien.

2 Déposez les fruits dans un saladier et écrasez-les à l'aide d'une fourchette. Répartissez la purée dans 2 bols et piquez 3 petits cœurs de Belin dans chacun d'entre eux. Servez tiède.

Les ingrédients pour 2 amoureux

1 cm de racine de gingembre
3 cuil. à soupe de miel liquide
300 g de fruits rouges et noirs mélangés surgelés
1 cuil. à soupe de jus de citron
½ sachet de sucre vanillé
6 petits cœurs de Belin

Astuce_ Cette recette est prévue pour 2 personnes, mais libre à vous de doubler ou de tripler les quantités en fonction du nombre d'invités.

Délicieux avec..._ • Pour une touche chaud-froid, servez cette purée tiède avec 1 boule de glace à la vanille. • Sinon, accompagnez-la de macarons à la framboise ou à la pistache, de gavottes ou de financiers.

la botte secrète d'aude et leslie

Pour un petit plus déco, servez cette purée d'amour dans des verres à pied transparents.

Crème de marron au lait concentré sucré

PRÉPARATION 25 MIN **I CUISSON** 1 H **I COÛT ★ I DIFFICULTÉ ★**

→ AH ! QUEL PLAISIR DE FAIRE DE LA CRÈME DE MARRON « MAISON » ! À GLISSER DANS VOS YAOURTS DE TOUTE URGENCE !

Les ingrédients pour 8 personnes

- 2 gousses de vanille
- 800 g de marrons en bocal
- 30 cl de lait
- 8 cuil. à soupe de lait concentré sucré
- 400 g de sucre

1 Fendez les gousses de vanille en deux dans le sens de la longueur et récupérez les petites graines noires à l'aide de la pointe d'un couteau.

2 Dans un faitout, déposez les marrons, les gousses de vanille et leurs petites graines noires, le lait, le lait concentré et 15 cl d'eau. Portez le tout à ébullition. Puis laissez cuire à couvert et à feu doux 1 h environ en mélangeant régulièrement jusqu'à ce que les marrons soient bien tendres.

3 À la fin de la cuisson des marrons, ôtez les gousses de vanille et passez le contenu du faitout au mixeur jusqu'à obtention d'une belle purée. Laissez refroidir.

Astuce_ Si vous mettez la main sur des châtaignes surgelées, faites-les décongeler la veille et suivez le déroulé de la recette. C'est très bon aussi !

Délicieux avec..._ Mélangez-la à 1 yaourt ou du fromage blanc, ou nappez-en 1 gâteau au chocolat ou 1 crêpe.

la botte secrète d'aude et leslie

Pour des verrines express, déposez dans le fond de shots à vodka une couche de crème de marron, une couche de compote de poires et terminez par quelques éclats de meringue.

le truc de stéphan

Préparez une version « pour adultes » de cette recette en ajoutant 6 cuil. à soupe d'armagnac !

Purée d'oranges et mandarines confites

PRÉPARATION 30 MIN | **CUISSON** 55 MIN | **COÛT** ★ | **DIFFICULTÉ** ★★

→ POUR TOUS LES AMATEURS DE SAVEURS ACIDULÉES… CETTE PURÉE EST UN DÉLICE, TIÈDE OU FROIDE. À CONSOMMER SANS MODÉRATION…

Les ingrédients pour 8 personnes

4 oranges non traitées
5 mandarines non traitées
350 g de sucre en poudre
1 sachet de sucre vanillé
2 cuil. à soupe d'eau de fleur d'oranger

1 Rincez les oranges et les mandarines, puis récupérez les écorces à l'aide d'un couteau sans trop mordre sur la peau blanche. Récupérez la chair des fruits en les débarrassant de la peau qui les entoure afin d'obtenir des quartiers sans peau. Passez ces quartiers au mixeur.

2 Portez à ébullition 60 cl d'eau dans une casserole. Ajoutez les écorces d'oranges et de mandarines et laissez cuire 25 à 30 min. Mélangez régulièrement. Une fois les écorces cuites, égouttez-les et passez-les au mixeur. Dans un faitout, faites chauffer 40 cl d'eau avec le sucre, le sucre vanillé et l'eau de fleur d'oranger. Laissez cuire 12 min.

3 Puis ajoutez dans le sirop les écorces hachées et la chair des fruits écrasée avec son jus. Laissez cuire 12 min à nouveau en mélangeant. Laissez refroidir jusqu'au moment de servir.

Astuce_ Lorsque vous mixez vos écorces d'oranges et de mandarines, allez-y par à-coups et, entre chaque session, dégagez les hélices à l'aide d'une cuillère en bois (avec l'appareil débranché pour un max de sécurité).

Délicieux avec…_ • Assaisonnez 1 yaourt ou du fromage blanc de cette purée. • Ou, pour un dessert gourmand, accompagnez-la d'1 boule de glace à la vanille, de madeleines ou d'1 brioche. • En petites touches, elle apportera un petit goût acidulé à 1 moelleux au chocolat.

la botte secrète d'aude et leslie

Avec des amandes effilées poêlées et posées sur le dessus, c'est carrément dingue !

Purée de pêches à la gelée de framboise

PRÉPARATION 15 MIN | **CUISSON** 12 MIN | **COÛT** ★ | **DIFFICULTÉ** ★

→ UNE PETITE PURÉE QUE LESLIE PRÉPARE DÈS QUE LES BEAUX JOURS ARRIVENT. IDÉAL POUR VOS BRUNCHS TARDIFS DU DIMANCHE !

1 Épluchez les pêches et coupez-les en morceaux. Dans une grande casserole, faites chauffer à feu doux 20 cl d'eau avec la gelée de framboise et le bâton de cannelle. Quand le mélange bout, ajoutez les pêches et laissez cuire 12 min environ en mélangeant bien.

2 À la fin de la cuisson, ôtez le bâton de cannelle. Égouttez bien les pêches en conservant le sirop de cuisson. Puis passez-les au mixeur avec un peu de sirop jusqu'à obtention de la consistance voulue. Servez tiède ou froid.

Les ingrédients pour 4 à 6 personnes

6 pêches jaunes mûres
6 pêches blanches mûres
180 g de gelée de framboise
1 bâton de cannelle

Astuce_ Pour varier les plaisirs, variez les parfums de gelée de fruits.

Délicieux avec..._ Servez-la avec des palets bretons, des rondelles de bananes caramélisées ou des congolais.

la botte secrète d'aude et leslie

Pour ajouter une petite note qui croustille, émiettez quelques macarons aux griottes sur le dessus. Mmm !

le truc de stéphan

Parfumez cette purée en ajoutant 1 anis étoilé en début de cuisson.

Purée de poires et figues

PRÉPARATION 20 MIN | **CUISSON** 8 MIN | **COÛT** ★ | **DIFFICULTÉ** ★

→ LE VRAI PETIT PLUS DE CETTE RECETTE ? LES PETITS MORCEAUX DE FIGUES SÉCHÉES TREMPÉES DANS DE L'AMARETTO… ÇA DONNE UN PETIT GOÛT DINGUE !

1 Coupez les figues séchées en tout petits morceaux et faites-les tremper dans l'amaretto. Épluchez les poires et coupez-les en petits morceaux. Épluchez les figues et récupérez la chair.

2 Dans une grande poêle, faites fondre le beurre. Ajoutez le miel et les poires et faites-les caraméliser 6 à 8 min environ. Remuez régulièrement.

3 Puis passez au mixeur la poêlée de poires, la chair des figues et la cannelle. Ajoutez un peu de sucre selon votre goût. Servez cette purée tiède ou froide parsemée de figues séchées égouttées.

Les ingrédients pour 4 personnes

4 figues séchées
1 cuil. à soupe d'amaretto
5 poires
5 figues mûres
5 cuil. à soupe de miel liquide
5 pincées de cannelle en poudre
sucre en poudre
1 noix de beurre pour la poêle

Astuce_ Si vos figues sont vraiment mûres, laissez la peau, c'est délicieux.

Délicieux avec…_ Accompagnez-la de cigarettes russes ou d'1 boule de glace aux calissons ou au pain d'épice.

la botte secrète d'aude et leslie

Pour un dessert au top, étalez 1 pâte feuilletée toute prête dans le fond d'un moule, piquez-la à l'aide d'une fourchette et faites-la cuire 15 à 20 min à 180 °C (th. 6). Puis tartinez-la de cette super purée de poires et figues. Un régal !

Purée de bananes, framboises et spéculoos

PRÉPARATION 20 MIN | **COÛT** ★ | **DIFFICULTÉ** ★

→ SI ON ÉCOUTAIT AUDE, ON METTRAIT DE LA PÂTE AUX SPÉCULOOS PARTOUT… VOICI DONC UNE DE SES RECETTES FÉTICHES !

1 Faites fondre le beurre au micro-ondes. Cassez les spéculoos en petits morceaux, puis passez-les au mixeur avec la poudre de noisettes et le beurre fondu. Répartissez ce mélange dans le fond de 4 ramequins plats (type cassolettes). Tassez avec le dos d'une cuillère.

2 Pressez le demi-citron. Épluchez les bananes et écrasez-les à la fourchette avec le sucre vanillé et le jus de citron. Puis écrasez les framboises rincées avec le sucre glace. Répartissez la purée de bananes sur la pâte au spéculoos. Ajoutez 1 couche de purée de framboises par-dessus et servez *illico presto*.

Les ingrédients pour 4 personnes

40 g de beurre
150 g de spéculoos
3 cuil. à soupe de poudre de noisettes
½ citron
3 bananes
1 sachet de sucre vanillé
250 g de framboises
2 cuil. à soupe de sucre glace

Astuces_ • À vous de trouver votre bon dosage de sucre aussi bien dans la purée de bananes que dans la purée de framboises. • Si vous n'avez pas de ramequins, utilisez un moule à tarte ou un plat à gratin. • Vous pouvez remplacer la poudre de noisettes par de la poudre d'amandes.

le verre de vin qui va bien

Un petit verre d'alcool de rose chinois.

recettepourépater…

Purée d'abricots à la violette

PRÉPARATION 15 MIN | **CUISSON** 5 MIN | **COÛT** ★★ | **DIFFICULTÉ** ★

→ UNE RECETTE ÉPATANTE ET POURTANT TOUTE SIMPLE.

1 Lavez les abricots, coupez-les en deux et ôtez les noyaux. Épluchez les pêches et coupez-les en morceaux.

2 Dans une grande poêle, faites fondre le beurre. Puis ajoutez les pêches, les abricots et le sucre. Laissez caraméliser 5 min environ en remuant régulièrement. Passez quelques instants au mixeur jusqu'à obtention d'une belle purée. Ajoutez l'arôme culinaire de violette. Mélangez à nouveau et servez *illico presto*.

Les ingrédients pour 4 personnes

12 abricots

2 pêches blanches

40 g de beurre

5 cuil. à soupe de sucre en poudre

1/4 cuil. à café d'arôme culinaire naturel de violette

Astuce_ Il existe de nombreux arômes culinaires naturels à base de fleurs (jasmin, lavande, muguet, coquelicot, géranium, mimosa, violette...), en vente dans certaines épiceries fines. Quand vous mettez la main dessus, ne passez pas à côté car on les trouve assez difficilement. Et surtout utilisez-les avec parcimonie parce qu'ils sont assez concentrés.

Délicieux avec..._ Trop bon avec des tuiles aux amandes, des financiers ou 1 boule de glace au lait d'amande.

la botte secrète d'aude et leslie

Nous, on adore ajouter quelques pignons grillés ou des amandes effilées dans cette purée. Ça va croustiller sec !

le tuyau de laurence

Pour une petite touche déco, saupoudrez quelques violettes cristallisées sur le dessus au moment de servir. Vous les trouverez dans les épiceries fines ou dans certaines grandes surfaces.

Purée de rhubarbe à la fraise

PRÉPARATION 15 MIN | **CUISSON** 15 MIN | **COÛT** ★ | **DIFFICULTÉ** ★

1 Dans une grande casserole, faites cuire à feu moyen la rhubarbe surgelée et le sucre avec 3 cuil. à soupe d'eau. Laissez cuire en remuant régulièrement (15 min environ).

2 Pendant ce temps, lavez les fraises et équeutez-les. Une fois la rhubarbe cuite, égouttez-la et passez-la au mixeur avec les fraises et la confiture. Rectifiez l'assaisonnement en sucre puis répartissez la purée dans 4 grands verres transparents. Ajoutez les fraises des bois sur le dessus et servez *illico presto*.

Les ingrédients pour 4 personnes

1 kg de rhubarbe surgelée
180 g de sucre roux
125 g de fraises
1 cuil. à soupe de confiture de fraise
quelques fraises des bois pour la déco

Astuce_ Pour que votre purée soit super parfumée, choisissez des fraises gariguettes ou des mara-des-bois.

Délicieux avec..._ Mettez-en une bonne cuillerée dans du fromage blanc. Ou bien accompagnez-la d'1 part de cake à la vanille ou de quatre-quarts, de madeleines ou de langues de chat.

le tuyau de laurence

Profitez des beaux jours pour faire cette recette et, dans ce cas, utilisez la rhubarbe fraîche qui inonde les marchés en cette saison.

le verre de vin qui va bien

Jouez sur les contrastes et proposez des petits verres de vodka glacée.

Purée d'abricots à la marmelade d'orange

PRÉPARATION 15 MIN | **CUISSON** 12 MIN | **COÛT** ★ | **DIFFICULTÉ** ★

1 Dans une grande casserole, faites chauffer à feu doux 20 cl d'eau avec la marmelade d'orange et les anis étoilés. Quand le mélange bout, ajoutez les abricots encore surgelés et laissez cuire 15 min environ en mélangeant bien.

2 À la fin de la cuisson, ôtez les anis étoilés. Égouttez bien les abricots en conservant le sirop de cuisson. Puis passez-les au mixeur avec un peu de sirop jusqu'à obtention de la consistance voulue. Servez tiède ou froid.

Les ingrédients pour 6 personnes

130 g de marmelade d'orange
2 anis étoilés
1 kg d'abricots surgelés

Astuces_ • Pour varier les plaisirs, utilisez de la gelée de groseille au lieu de la marmelade. • À vous de trouver votre bon dosage de sirop de cuisson.

Délicieux avec..._ Trop bon avec des langues de chat, 1 part de brownie ou des Sprits.

je veux en savoir plus !

Pour une présentation au top / Faites des stries avec une fourchette / recouvrez le tout d'une nouvelle couche de purée / Pour aller plus vite / en le passant 3 à 5 min sous le gril du four / QUELQUES IDÉES DE GARNITURES QUI CHANGENT / Ne négligez pas la qualité / 1 cube de bouillon / ajoutez au choix quelques pincées de curry / POUR MIXER LES LÉGUMES SANS EMBÛCHE / 2 à 3 cuil. d'eau de cuisson dans le mixeur / des petits trucs qui croustillent / quelques framboises, des copeaux de chocolat blanc, de la noix de coco râpée, des pralines / ajoutez 1/4 de cuil. à café d'arôme culinaire naturel à base de fleurs / SI VOUS N'AVEZ PAS DE MIXEUR / Déposez le reste de purée dans le fond d'un plat à gratin beurré / découpez des disques de pâte feuilletée toute prête / Une couche de pain d'épice toasté et émietté / utilisez-les avec parcimonie / apportera un petit goût inimitable / ESSAYEZ DE RESPECTER AU MAXIMUM LES SAISONS / écrasez l'autre moitié à la fourchette / pour un résultat gratiné à souhait / dans des ramequins individuels

Je veux la technique !

Du côté des hachis

Pour une présentation au top

→ Jouez-la perso

Servez vos hachis dans des ramequins individuels. Il suffit de suivre le déroulé de la recette, de répartir le tout dans des ramequins à bords hauts, puis de réduire le temps de cuisson de moitié.

→ Laissez parler votre créativité

Faites des stries avec une fourchette sur le dessus de vos hachis. Pour cela, il suffit de passer le dos d'une fourchette sur la purée ; soit en zigzag, soit en diagonale, à vous de voir !

→ Testez la présentation façon mille-feuille

1 Déposez au centre d'une assiette un emporte-pièce en forme de cercle à bord haut. Remplissez-le de purée pour faire la base.

2 Ajoutez une couche de viande hachée et recouvrez le tout d'une nouvelle couche de purée.

3 Tassez légèrement et retirez délicatement l'emporte-pièce.

Si vous n'avez pas d'emporte-pièce sous la main, utilisez un pot de yaourt dont vous aurez préalablement découpé le fond. Ça marche très bien aussi.

Pour aller plus vite

Utilisez des légumes surgelés prédécoupés ou même des purées toutes prêtes fraîches ou surgelées que vous ajouterez sur la viande ou le poisson haché.

Pour des hachis super dorés

Terminez la cuisson de votre hachis en le passant 3 à 5 min sous le gril du four pour un résultat gratiné à souhait. Et si vous l'avez parsemé de gruyère ou de comté râpé juste avant d'enfourner, c'est carrément sublime !

Quelques idées de garnitures qui changent

→ À base de viande

- Agneau à l'orientale : agneau haché + cumin en poudre + coriandre en grains + persil plat + raisins secs
- Poulet épicé : poulet haché + colombo en poudre + gingembre râpé + oignon émincé
- Garniture classique : mi-bœuf, mi-chair à saucisse + persil + mélange quatre-épices + ail

→ À base de poisson

- Au cabillaud : miettes de cabillaud cuit + ciboulette + basilic + jus de citron vert
- Au saumon : miettes de saumon cuit + crème fraîche + moutarde + baies roses + aneth

Du côté des purées

Pour un goût au top

→ Ne négligez pas la qualité

Choisissez des légumes et des fruits de bonne qualité, tout frais, tout beaux. Et cuisinez-les vite, vos purées n'en auront que plus de saveur. Essayez de respecter au maximum les saisons, c'est là que les fruits et les légumes seront les plus savoureux et les moins chers. Et si vos fruits ne sont pas assez mûrs, épluchez-les, coupez-les en morceaux et faites-les poêler 7 min environ avec 1 noisette de beurre et 1 filet de miel ou un peu de sucre vanillé.

→ Variez les textures

Pour obtenir une texture qui change, passez la moitié de vos pommes de terre ou de vos patates douces avec la grille fine du moulin à légumes et écrasez l'autre moitié à la fourchette. Mélangez délicatement avant de servir.

→ Variez les saveurs

1/ Pensez à parfumer l'eau de cuisson

Quand l'eau de cuisson des légumes bout, ajoutez 1 cube de bouillon (de légumes, de volaille ou aux épices) et remuez bien pour le diluer. Puis ajoutez les légumes et faites-les cuire comme indiqué dans la recette. Si vous n'avez pas de cubes de bouillon sous la main, ajoutez directement dans l'eau quelques pincées d'épices en poudre ou 1 bouquet garni. Et du côté des fruits, ajoutez dans l'eau de cuisson 1 gousse de vanille fendue en deux, 1 ou 2 bâtons de cannelle ou encore quelques anis étoilés. Ça apportera un max de goût...

2/ Misez sur les fines herbes

Coriandre, persil plat, estragon, cerfeuil, aneth, ciboulette et basilic, frais ou surgelés, rien de tel pour apporter une petite note fraîche et savoureuse.

3/ N'oubliez pas les épices

Juste avant de servir, ajoutez au choix quelques pincées de curry, de cumin, de colombo, de mélange quatre-épices, de piment d'Espelette, de gingembre, de paprika, de noix de muscade ou encore d'herbes de Provence. Ça vous évitera de trop saler vos purées et apportera un petit goût inimitable.

4/ Mettez-vous aux fleurs

Pour apporter un goût inédit à vos purées sucrées, ajoutez ¼ de cuil. à café d'arôme culinaire naturel à base de fleurs (jasmin, lavande, muguet, coquelicot, mimosa, géranium, violette, rose...), en vente dans certaines épiceries fines. Quand vous mettez la main dessus, ne passez pas à côté car on les trouve difficilement. Et surtout utilisez-les avec parcimonie parce qu'ils sont assez concentrés.

→ Quelques mélanges qui marchent

- Abricot - Lavande
- Poire - Violette
- Fruits rouges - Rose
- Mangue - Jasmin

Pour mixer les légumes sans embûche

- Lorsque vous passez vos ingrédients au mixeur, allez-y par à-coups et, entre chaque session, dégagez les hélices à l'aide d'une cuillère en bois (avec l'appareil débranché pour un max de sécurité). Ça peut parfois prendre un peu de temps, mais une fois que c'est bien amorcé, ça va vite.
- Pour faciliter le mixage des légumes, ajoutez 2 à 3 cuil. d'eau de cuisson dans le mixeur. Ça rend la purée plus liquide et donc plus facile à mixer.

Pour rendre vos purées...

→ ...plus onctueuses

Ajoutez dans le mixeur ou juste avant de servir un peu de crème fraîche ou de crème liquide. Testez aussi la ricotta et le mascarpone, deux valeurs sûres pour apporter plus de crémeux. Et pour les papilles des plus petits, pensez à ajouter 2 Kiris ou 2 Vache qui rit.

→ ...plus gourmandes

Ajoutez sur le dessus des petits trucs gourmands : copeaux de serrano ou de jambon de Parme, lichettes de parmesan ou de tête de moine, tomates confites à l'huile d'olive coupées en petits morceaux, olives vertes ou noires, des petits lardons poêlés ou tout simplement 1 beau filet d'huile (olive, noisette ou sésame).
Du côté des purées sucrées, ajoutez au centre quelques framboises, des copeaux de chocolat blanc, de la noix de coco râpée, des pralines, 1 filet de caramel ou encore des éclats de macaron ou de meringue.

→ ...plus craquantes

Ajoutez sur le dessus de vos purées des petits trucs qui croustillent : noisettes concassées, pignons, graines de sésame ou amandes effilées. Pour un résultat 100 % doré, pensez à les poêler à sec avant : dans une poêle antiadhésive bien chaude, faites poêler sans matière grasse les pignons, les graines de sésame ou les amandes 30 s à 1 min environ en mélangeant jusqu'à ce qu'ils soient dorés. Pensez aussi à ajouter des petits croûtons à l'ail au centre de vos purées de légumes.

Pour réchauffer vos purées comme un pro

Sachez que la plupart des purées ont tendance à durcir en refroidissant. Pour les réchauffer le lendemain, n'hésitez pas à ajouter 4 cuil. à soupe d'eau chaude ou de lait avant de les faire chauffer à feu doux en mélangeant régulièrement. Vous pouvez aussi ajouter 1 noisette de beurre pour qu'elles retrouvent tout leur panache.

Que faire d'un reste de purée ?

→ Version tartelette

Pour une entrée ou un dessert au top, découpez des disques de pâte feuilletée toute prête. Garnissez-en des moules à tarte individuels beurrés, piquez le fond à l'aide d'une fourchette et faites cuire ces fonds de tarte 10 à 12 min à 200 °C (th. 6-7) jusqu'à ce que la pâte soit bien dorée. Puis tartinez les fonds de tarte cuits de purée salée ou sucrée. Vous pouvez aussi utiliser de la pâte brisée ou sablée.

→ **Version gratin**

Déposez le reste de purée dans le fond d'un plat à gratin beurré. Puis parsemez-le au choix de comté, de cheddar ou de mimolette râpé, ou ajoutez des lichettes de chèvre ou de fourme d'Ambert. Passez 15 à 20 min dans un four préchauffé à 180 °C (th. 6). Vous pouvez aussi ajouter une couche de viande hachée poêlée, de boudin noir émietté ou des morceaux de jambon juste en dessous de la purée.

→ **Version apéro**

Faites réchauffer la purée quelques instants comme indiqué au-dessus puis répartissez-la dans des petits verres transparents. Ajoutez au centre 1 chips, 2 ou 3 lardons poêlés ou 1 brin de ciboulette et servez ces bouchées à l'heure de l'apéro avec des petites cuillères. Succès garanti !

Recettes express de verrines

Le concept est simple : empilez en couches successives des ingrédients qui vous font envie, le tout sans bavure et dans un verre transparent (un grand pour une entrée ou un dessert ; des shots à vodka pour l'apéro ou vos buffets).

→ **Salé**

- Une couche de carottes poêlées à l'huile d'olive et au curry + une couche de purée épicée aux lentilles (cf. p. 43) + 1 tranche de bacon croustillante.

- Une couche de ricotta et d'olives noires + une couche de purée crémeuse de brocolis (cf. p. 32) + 1 tomate confite.

→ **Sucré**

- Une couche de palets bretons émiettés + une couche de purée de rhubarbe à la fraise (cf. p. 106) + des copeaux de glace au chocolat blanc.

- Une couche de pain d'épice toasté et émietté + une couche de purée de poires et figues (cf. p. 100) + une couche de pépites de chocolat.

À garder sous le coude

s'en sortir sans balance

→ Ce tableau vous donne les principales équivalences poids et volumes pour les ingrédients les plus courants.

Ingrédients	1 cuil. à café	1 cuil. à soupe	1 verre à moutarde
Beurre	7 g	20 g	–
Cacao en poudre	5 g	10 g	90 g
Crème épaisse	1,5 cl	4 cl	20 cl
Crème liquide	0,7 cl	2 cl	20 cl
Farine	3 g	10 g	100 g
Gruyère râpé	4 g	12 g	65 g
Liquides divers (eau, huile, vinaigre, alcools)	0,7 cl	2 cl	20 cl
Maïzena	3 g	10 g	100 g
Poudre d'amandes	6 g	15 g	75 g
Raisins secs	8 g	30 g	110 g
Riz	7 g	20 g	150 g
Sel	5 g	15 g	–
Semoule, couscous	5 g	15 g	150 g
Sucre en poudre	5 g	15 g	150 g
Sucre glace	3 g	10 g	110 g

Mesurer vos liquides

1 verre à liqueur = 3 cl

1 tasse à café = 8 à 10 cl

1 verre à moutarde = 20 cl

1 bol = 35 cl

Pour info

1 œuf = 50 g

1 noisette de beurre = 5 g

1 noix de beurre = 15 à 20 g

bien régler son four

→ Pas facile de connaître la température dans un four ! Voici une table très simple à utiliser et valable pour la plupart des appareils vendus dans le commerce.

Température (°C)	30	60	90	120	150	180	210	240	270
Thermostat	1	2	3	4	5	6	7	8	9

→ Les temps de cuisson donnés dans les recettes peuvent varier légèrement selon les types d'appareils. En effet, dans un four à chaleur tournante, les plats cuisent de manière plus homogène et plus vite que dans les fours qui chauffent à partir d'une source (four à gaz, four électrique).

Rappelez-vous aussi que pour réaliser une bonne cuisson, un préchauffage est toujours nécessaire.

les indispensables en cuisine

→ Pour cuisiner entre potes ou pour des potes sans souci, il faut avoir sous la main quelques produits tout simples, faciles à trouver.
Voici une petite liste de « basiques », grâce auxquels vous pourrez faire la grande majorité des recettes de cette collection.

Dans le placard

Épices

- Cannelle
- Coriandre
- Cumin
- Curry
- Gingembre
- Herbes de Provence
- Mélange quatre-épices
- Noix de muscade
- Paprika
- Poivre du moulin et concassé
- Thym
- Vanille en gousse

Liquides

- Huiles de tournesol, d'olive, de sésame et de noix
- Rhum (pour la pâtisserie)
- Vinaigres de vin, blanc, balsamique et de xérès
- Vins rouge et blanc sec

Condiments

- Moutarde forte et à l'ancienne
- Moutardes parfumées (à l'estragon, au poivre vert)
- Sauce pesto
- Sauce soja
- Sel fin et gros sel
- Tabasco
- Tapenade d'olives noires

Et aussi

- Amandes effilées
- Anchois, thon et sardines à l'huile d'olive
- Bouillon cube
- Câpres
- Chocolat à cuire et chocolat en poudre
- Cornichons
- Farine
- Fruits secs (amandes, raisins, pignons, noisettes, abricots, figues)
- Lait de coco
- Levure chimique
- Maïzena
- Miel
- Olives en boîte
- Pâtes de toutes formes
- Poudre de noisettes et poudre d'amandes
- Riz rond et riz parfumé
- Semoule
- Sucre en poudre, sucre glace et sucre vanillé
- Tomates en boîte, concentrées et séchées en bocal

Dans le réfrigérateur

Légumes

- Ail
- Carottes
- Citrons
- Échalotes
- Oignons
- Pommes de terre
- Tomates

Laitages et œufs

- Beurre
- Crème liquide
- Fromage frais
- Lait
- Œufs
- Parmesan

Et aussi

- Feuilles de brick
- Pâtes à tarte (brisée, sablée, feuilletée)

Dans le congélateur

Herbes et épices hachées

- Aneth
- Basilic
- Ciboulette
- Coriandre
- Gingembre haché
- Persil

Légumes

- Champignons de Paris
- Épinards
- Petits pois
- Tiges de citronnelle

Et aussi

- Pâtes à tarte (brisée, sablée, feuilletée)

avoir le bon matériel

→ Pas besoin de grand-chose pour faire de grandes recettes !
Voici une petite liste d'ustensiles à avoir dans la cuisine.

Cuire

- Casseroles (une grande et une petite)
- Moules à tarte et à pâtisserie
- Marmite en fonte
- Plaque à rôtir
- Poêles à fond antiadhésif (une grande et une petite)
- Wok (éventuellement)

Couper

- Aiguiseur à couteaux
- Couteau économe
- Gros couteau dit « éminceur »
- Petit couteau
- Petite planche à découper en plastique

Mélanger

- Saladiers
- Cuillères en bois
- Fouet
- Spatules

Divers

- Batteur électrique
- Essoreuse à salade
- Ficelle de cuisine
- Mixeur
- Passoires (une fine, une plus grosse), ou chinois
- Rouleau à pâtisserie
- Verre-doseur

Table des recettes

Retrouvez en couleur les « recettes pour épater ».

BRANDADE DE MORUE À MA FAÇON **65**

CAVIAR D'AUBERGINE **74**
CRÈME DE MARRON AU LAIT CONCENTRÉ SUCRÉ **95**

DIP DE SARDINES AU KIRI **70**

GUACAMOLE CHIPÉ AU MEXIQUE **81**

HACHIS D'AGNEAU, CAROTTES ET CUMIN **15**
HACHIS DE BANANES, ANANAS ET MÜESLI **88**
HACHIS DE BŒUF À L'ORIENTALE **13**
HACHIS DE BŒUF, TOMATE ÉPICÉE ET POLENTA **19**
HACHIS *LIGHT* DE CABILLAUD AUX BROCOLIS **21**
HACHIS DE CONFIT DE CANARD ET NOISETTES **30**
HACHIS DE MANGUES, FRAMBOISES ET PALETS BRETONS DE LAURENCE **87**
HACHIS DE POIRES, CHOCOLAT ET PAIN D'ÉPICE **85**

LA PURÉE DE POMMES DE TERRE DE MON HOMME **55**
LE VRAI HACHIS PARMENTIER **10**
LE VRAI HOUMMOUS **77**

MOUSSAKA COMME LÀ-BAS **16**

PARMENTIER DE BOUDIN NOIR AUX PETITS OIGNONS **27**
PARMENTIER DE CANARD, CAROTTES ET CURRY **29**
PARMENTIER DE POULET AUX OLIVES ET AU CITRON CONFIT **24**
PARMENTIER DE SAUMON AUX HERBES **22**
PURÉE ARTICHAUTS ET POMMES DE TERRE **46**
PURÉE AUX LÉGUMES DU SUD **62**
PURÉE AUX QUATRE LÉGUMES **58**
PURÉE CRÉMEUSE DE BROCOLIS **32**
PURÉE D'ABRICOTS À LA MARMELADE D'ORANGE **109**
PURÉE D'ABRICOTS À LA VIOLETTE **105**
PURÉE D'AMOUR **92**
PURÉE D'ASPERGES À LA RICOTTA **61**

PURÉE D'OIGNONS À TOUT FAIRE **82**
PURÉE D'ORANGES ET MANDARINES CONFITES **96**
PURÉE DE BANANES, FRAMBOISES ET SPÉCULOOS **103**
PURÉE DE CAROTTES POUR L'APÉRO **68**
PURÉE DE CÉLERI AU CERFEUIL **49**
PURÉE DE CHOU-FLEUR AUX LARDONS **38**
PURÉE DE COURGETTES GRATINÉE AU STILTON **37**
PURÉE DE FÈVES À LA CORIANDRE DE STÉPHAN **56**
PURÉE DE PATATES DOUCES AUX AMANDES **53**
PURÉE DE PÊCHES À LA GELÉE DE FRAMBOISE **99**
PURÉE DE POIRES ET FIGUES **100**
PURÉE DE POIS CASSÉS AU COMTÉ **41**
PURÉE DE POMMES DE TERRE À L'HUILE D'OLIVE **50**
PURÉE DE POTIMARRON AU GINGEMBRE **44**
PURÉE DE POTIRON GRATINÉE AU CHÈVRE **67**
PURÉE DE RHUBARBE À LA FRAISE **106**
PURÉE ÉPICÉE AUX LENTILLES **43**
PURÉE MANGUE-PASSION **90**
PURÉE TOUTE VERTE **34**

TAPENADE DE TOMATES SÉCHÉES **72**
TARAMA **79**

Table des matières

HACHIS SALÉS

LE VRAI HACHIS PARMENTIER **10**
HACHIS DE BŒUF À L'ORIENTALE **13**
HACHIS D'AGNEAU, CAROTTES ET CUMIN **15**
MOUSSAKA COMME LÀ-BAS **16**
HACHIS DE BŒUF, TOMATE ÉPICÉE ET POLENTA **19**
HACHIS *LIGHT* DE CABILLAUD AUX BROCOLIS **21**
PARMENTIER DE SAUMON AUX HERBES **22**
PARMENTIER DE POULET AUX OLIVES ET AU CITRON CONFIT **24**
PARMENTIER DE BOUDIN NOIR AUX PETITS OIGNONS **27**
PARMENTIER DE CANARD, CAROTTES ET CURRY **29**
HACHIS DE CONFIT DE CANARD ET NOISETTES **30**

PURÉES SALÉES

PURÉE CRÉMEUSE DE BROCOLIS **32**
PURÉE TOUTE VERTE **34**
PURÉE DE COURGETTES GRATINÉE AU STILTON **37**
PURÉE DE CHOU-FLEUR AUX LARDONS **38**
PURÉE DE POIS CASSÉS AU COMTÉ **41**
PURÉE ÉPICÉE AUX LENTILLES **43**
PURÉE DE POTIMARRON AU GINGEMBRE **44**
PURÉE ARTICHAUTS ET POMMES DE TERRE **46**
PURÉE DE CÉLERI AU CERFEUIL **49**
PURÉE DE POMMES DE TERRE À L'HUILE D'OLIVE **50**
PURÉE DE PATATES DOUCES AUX AMANDES **53**
LA PURÉE DE POMMES DE TERRE DE MON HOMME **55**
PURÉE DE FÈVES À LA CORIANDRE DE STÉPHAN **56**
PURÉE AUX QUATRE LÉGUMES **58**
PURÉE D'ASPERGES À LA RICOTTA **61**
PURÉE AUX LÉGUMES DU SUD **62**
BRANDADE DE MORUE À MA FAÇON **65**
PURÉE DE POTIRON GRATINÉE AU CHÈVRE **67**

DIPS SALÉS

PURÉE DE CAROTTES POUR L'APÉRO **68**
DIP DE SARDINES AU KIRI **70**
TAPENADE DE TOMATES SÉCHÉES **72**
CAVIAR D'AUBERGINE **74**
LE VRAI HOUMMOUS **77**

TARAMA 79
GUACAMOLE CHIPÉ AU MEXIQUE 81
PURÉE D'OIGNONS À TOUT FAIRE 82

HACHIS SUCRÉS
HACHIS DE POIRES, CHOCOLAT ET PAIN D'ÉPICE 85
HACHIS DE MANGUES, FRAMBOISES ET PALETS BRETONS DE LAURENCE 87
HACHIS DE BANANES, ANANAS ET MÜESLI 88

PURÉES SUCRÉES
PURÉE MANGUE-PASSION 90
PURÉE D'AMOUR 92
CRÈME DE MARRON AU LAIT CONCENTRÉ SUCRÉ 95
PURÉE D'ORANGES ET MANDARINES CONFITES 96
PURÉE DE PÊCHES À LA GELÉE DE FRAMBOISE 99
PURÉE DE POIRES ET FIGUES 100
PURÉE DE BANANES, FRAMBOISES ET SPÉCULOOS 103
PURÉE D'ABRICOTS À LA VIOLETTE 105
PURÉE DE RHUBARBE À LA FRAISE 106
PURÉE D'ABRICOTS À LA MARMELADE D'ORANGE 109

JE VEUX LA TECHNIQUE !
DU CÔTÉ DES HACHIS 112
DU CÔTÉ DES PURÉES 114

À GARDER SOUS LE COUDE
S'EN SORTIR SANS BALANCE 118
BIEN RÉGLER SON FOUR 119
LES INDISPENSABLES EN CUISINE 119
AVOIR LE BON MATÉRIEL 121

TABLE DES RECETTES 122

Ma recette qui dépote...

La cuisson saveur avec le gaz naturel

Profiter de la douceur d'instants partagés, de sourires et de fous rires autour d'un plat mitonné ensemble... C'est aussi goûter au confort de vie DolceVita qui, grâce au gaz naturel, nous offre une cuisine toute en saveurs.

Cuisiner avec le gaz naturel est une évidence. Précise et sûre, l'intensité de la flamme peut varier à loisir. Souple et modulable, elle saisit en toute puissance ou fait doucement mijoter, instantanément, d'un seul geste, comme par magie ! La cuisson au gaz naturel s'adapte à toutes les envies, pour des recettes toujours gagnantes. C'est un atout de plus pour réussir du plus simple au plus élaboré des repas !

UNE CUISSON SAVOUREUSE ET MOELLEUSE

En brûlant, le gaz naturel produit de l'humidité. Inutile donc de rajouter de l'eau en cours de cuisson aux plats qui cuisent au four. De plus, la cuisson dans un four alimenté au gaz naturel préserve les sels minéraux contenus dans les aliments. Viandes, poissons, volailles, tartes et gratins dorent lentement, tendrement et délicieusement...

UNE CUISSON SUR MESURE

La cuisson au gaz naturel, c'est aussi, aujourd'hui, avoir accès à de nombreuses innovations technologiques. Les brûleurs se sophistiquent en se dotant de fonctions sur mesure :

- le brûleur « wok » à double anneau de flammes permet de mitonner à l'orientale ou à l'asiatique, mais également de concocter d'inimitables confitures ;
- le brûleur « mijotop » transmet la chaleur, sans contact avec la flamme. Il est approprié aux cuissons délicates ;
- le brûleur « poissonnière » permet de cuire uniformément les poissons et viandes de grande taille.

Ces brûleurs nouvelle génération sont également pensés pour nous faciliter la vie. Plus efficaces en termes de puissance, ils sont aussi plus faciles à entretenir. Fini les grilles difficiles à nettoyer, les nouveaux brûleurs 3 branches se mettent directement au lave-vaisselle !

LA PRÉCISION EN PLUS

Pour un confort d'utilisation maximal, les cuisinières au gaz naturel sont pourvues de systèmes de réglage de haute précision.
L'allumage est instantané grâce au système électronique ; une seule main suffit pour allumer sous les casseroles ! Par ailleurs, sur les appareils les plus récents, un minuteur associé à chaque brûleur coupe automatiquement l'arrivée de gaz naturel quand le temps programmé est écoulé.

LE GAZ NATUREL, UNE ÉNERGIE ÉCONOMIQUE

Faire la cuisine au gaz naturel, c'est aussi choisir l'une des énergies les moins chères du marché qui, assortie à des équipements performants et à des tarifs ajustés à votre consommation annuelle, vous permet de cuisiner en toute liberté.

POUR EN SAVOIR PLUS SUR LES OFFRES DOLCEVITA
Vous pouvez joindre un Conseiller Gaz de France au :
0 810 140 150 (prix d'un appel local)
ou vous connecter sur l'espace DolceVita du site
www.gazdefrance.fr

Gaz de France, SA au capital de 903 000 000 € - 542 107 651 RCS Paris - Photos : Médiathèque Gaz de France/Nathalie de Moussac - Conception/Réalisation : UNEDITE

Le conseil DolceVita de Gaz de France

- ***Pour une bonne cuisson** et un meilleur entretien de vos ustensiles, utilisez toujours des casseroles aux diamètres adaptés à la taille des brûleurs de votre cuisinière. Réglez l'intensité de la flamme de sorte qu'elle ne dépasse pas les bords des récipients.*

Gaz de France
DolceVita

Remerciements

Merciiiiiiiii aux deux autres potes de la Popote, ainsi qu'à Brigitte, Raphaële, Jennifer, Johanna et Camille, l'équipe de choc d'Hachette.
Mais aussi à Cocotto et la crevette, nos deux cop's Malo et Laetie, Élisa, Fleur, et Valérie, Foufou, Laura, Matias, Darius et Honor ; et évidemment à nos parents qui ont su faire de nous des bonnes vivantes. Sans oublier Flocon et Routoutou, toujours partants pour finir les restes !

Aude et Leslie

Delphine Brunet remercie les boutiques suivantes pour leur collaboration :
BHV : pp. 33 (tasse et soucoupe) et 54 (coupe et cuillère) ; Botanique : pp. 31 (plat) et 76 (plateau) ; Bouchara : p. 80 (coupelle) ; the Conran Shop : p. 45 (coupelle) ; For You : p. 33 (cuillère) ; Habitat : pp. 11 (bol), 12 (bol), 17 (plat rectangulaire), 47 (bol et couteau), 52 (coupe), 64 (assiette), 75 (soucoupe), 76 (cuillère), 86 (assiette) et 94 (assiette) ; L'entrepôt : p. 84 (tasses et plateau) ; Les autruches : pp. 20 (verrine) et 86 (sous-assiette) ; Sia : p. 75 (coupelle).

Toutes les photos de reportage ont été réalisées par Philippe Vaurès-Santamaria.

Direction, Stephen Bateman et Pierre-Jean Furet
Responsable éditoriale, Brigitte Éveno
Conception graphique, Dune Lunel
Réalisation, Les PAOistes
Préparation de copie et corrections, Mélanie Le Neillon et Anne Vallet
Fabrication, Amélie Latsch
Partenariats, Sophie Augereau (01 43 92 36 82)

L'éditeur remercie Jennifer Joly et Florence Lescoffit pour leur aide précieuse et leurs relectures attentives.

Imprimé en Espagne par Graficas Estella - dépôt légal : septembre 2006
23.01.7164.01.9 • 2012371647